城市治理实践与创新系列丛书

城市的温度与厚度

——青岛市市北区城市治理现代化的实践与创新

汪碧刚　著

中国建筑工业出版社

图书在版编目（CIP）数据

城市的温度与厚度：青岛市市北区城市治理现代化的实践与创新／汪碧刚著．—北京：中国建筑工业出版社，2017.12
　（城市治理实践与创新系列丛书）
　ISBN 978-7-112-21482-2

　Ⅰ．①城… Ⅱ．①汪… Ⅲ．①城市管理－研究－青岛
Ⅳ．①F299.275.23

　中国版本图书馆CIP数据核字（2017）第269867号

　　城市治理是全球性难题。经过改革开放近40年的发展，中国取得令世界瞩目的伟大成就，中国化解城市化快速发展进程中凸显问题的能力不断增强，尤其是城市治理现代化持续推进，为解决这一世界难题贡献了中国智慧、提供了中国方案。本书以青岛市市北区为例，通过对其城市治理模式的审视，寻找一些解决城市治理难题的路径，为我国城市治理现代化提供生动的基层样本。

责任编辑：封　毅　毕凤鸣
书籍设计：锋尚制版
责任校对：芦欣甜　焦　乐

城市治理实践与创新系列丛书
城市的温度与厚度
——青岛市市北区城市治理现代化的实践与创新
汪碧刚　著
＊
中国建筑工业出版社出版、发行（北京海淀三里河路9号）
各地新华书店、建筑书店经销
北京锋尚制版有限公司制版
北京市密东印刷有限公司印刷
＊
开本：787×960毫米　1/16　印张：13¾　字数：209千字
2017年12月第一版　2018年1月第二次印刷
定价：40.00元
ISBN 978-7-112-21482-2
　　　　（31146）

2015年中央城市工作会议提出：转变城市发展方式，完善城市治理体系，提高城市治理能力；2016年《中华人民共和国第十三个五年规划纲要》提出：创新城市治理方式，改革城市管理和执法体制，推进城市精细化、全周期、合作性管理；2017年中国共产党第十九次全国代表大会明确指出：从二○二○年到二○三五年，在全面建成小康社会的基础上，再奋斗十五年，基本实现社会主义现代化。到那时，我国经济实力、科技实力将大幅跃升，跻身创新型国家前列；人民平等参与、平等发展权利得到充分保障，法治国家、法治政府、法治社会基本建成，各方面制度更加完善，国家治理体系和治理能力现代化基本实现；社会文明程度达到新的高度，国家文化软实力显著增强，中华文化影响更加广泛深入；人民生活更为宽裕，中等收入群体比例明显提高，城乡区域发展差距和居民生活水平差距显著缩小，基本公共服务均等化基本实现，全体人民共同富裕迈出坚实步伐；现代社会治理格局基本形成，社会充满活力又和谐有序；生态环境根本好转，美丽中国目标基本实现。

我和我的研究团队近两年致力于城市治理的研究，作为北京大学城市治理研究院创始副院长兼秘书长，城市治理一直是我思考的重要问题，我在坚持独立研究精神的基础上，与团队一道开展了深入研究，发表了多篇文章，非常欣慰的是我们的有些研究成果站在了国内学术前沿。有鉴于此，中国建筑工业出版社决定出版"城市治理实践与创新系列丛书"，并由我担任主编。

推进城市治理体系和治理能力现代化，顺应新时代人民过上美好生活的新期待，综合运用经济、行政、法律、科技、文化等手段，构建权责明确、服务为先、管理优化、执法规范、安全有序的城市治理体制，打造共建共治共享的城市治理格局，从而解决人民日益增长的美好生活需要和不平衡不充分的发展之间的矛盾。

"城市治理实践与创新系列丛书"整套10本，研究方向城市治理、社区治理、智慧城市、智慧社区，涉及经济、政治、科技、文化、法制等诸多领域，我们希望更多城市管理者、研究者以及有识之士参与进来，汇集资源，凝聚力量，积极打造"政、产、学、研、用、资"全链条的城市治理产业发展格局。

本书《城市的温度与厚度——青岛市市北区城市治理现代化的实践与创新》是"城市治理实践与创新系列丛书"的第一本。本书研究表明，青岛市市北区正在为我国城市治理现代化提供生动的基层样本。

随着城市化进程的快速推进，城市的各种问题日益凸显，如何化解这些问题成为难题。城市治理作为多元主体共治行为，需要政府、市民、企业、社会组织、社区组织等共同参与。只有在对城市治理模式进行充分分析的基础上，才能更有效地解决不同模式中面临的各种难题。本书选择青岛市市北区作为分析样本，希望通过对其城市治理模式的审视，寻找一些解决城市治理难题的路径。

市北区是山东省青岛市的主城中心区、老城区，人口密度大，棚户区改造任务重，低保、老龄及残疾人等特殊群体数量多，城市治理任务十分繁重。同时，在政府部门间也客观存在着职能交叉、职责不清、信息不畅等问题，创新与改革势在必行。与全国其他城市的老城区一样，空间资源不足也成了制约城市发展的瓶颈。近年来，市北区正在探索通过实施城市治理新模式，着力提升"城市生长力"，全面推进经济转型、城市更新、社会治理、生态文明等各项建设，努力建设智力密集型产业示范区、高端人才聚集区、城市治理先进区和生活品质样板区；推动老城区产业转型升级，落实精准服务和精细治理，扎实推进"共建共治共享"，统筹政府、社会、市民三大主体，鼓励企业和市民参与城市治理，让群众在市北生活更方便、更舒心、更美好；完善党委领导、政府负责、社会协同、公众参与、法治保障的社会治理体制，健全网格化社会服务管理体系，推动公共服务、社会治安、城市治理"多网合一"。市北区城市治理现代化的实践与创新，诠释着"城市的温度和厚度"。

　　高擎习近平新时代中国特色社会主义思想的伟大旗帜，学思践悟，我们有理由相信，通过"城市治理实践与创新系列丛书"的顺利出版与大家的不懈努力，随着共建共治共享的城市治理格局的形成，城市治理体系和治理能力现代化一定能够早日实现。

汪碧刚

2017年11月1日于未名堂

目 录 CONTENTS

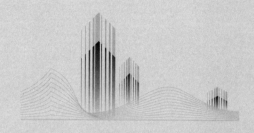

导论

　　随着城市化进程的快速推进，城市的各种问题日益凸显，如何化解这些问题成为难题。中央城市工作会议指出要"转变城市发展方式，完善城市治理体系，提高城市治理能力"。我国城市治理重点是服务、共享、融合。城市治理作为多元主体共治行为，需要政府、市民、企业、社会组织、社区组织等共同参与。

　　城市治理研究要解决的问题很多。首先要更好地总结我国各地城市治理的不同模式。只有在对城市治理模式进行充分分析的基础上，才能更有效地解决不同模式中面临的各种难题。

　　笔者此次选择青岛市市北区作为分析样本，希望通过对其城市治理模式的审视，寻找一些解决城市治理难题的路径。市北区是山东省青岛市的主城中心区、老城区，人口密度大，棚户区改造任务重，低保、老龄及残疾人等特殊群体数量多，城市治理任务十分繁重。同时，在政府部门间也客观存在着职能交叉、职责不清、信息不畅等问题，创新与改革势在必行。与全国其他城市的老城区一样，空间资源不足也成了制约城市发展的瓶颈。近年来，市北区正在探索通过实施城市治理新模式，提升"城市生长力"，推动老城区产业转型升级，落实精准服务和精细治理，提升城市的温度和内涵。可以说，市北区正在为我国城市治理现代化提供生动的基层样本。

提升城市生长力

　　城市治理不是简单地"头痛医头"，要在发展中解决各种治理难题。

　　搞好城市治理，首先要用发展的眼光看待城市中出现的各种问题，让发展中出现的问题在发展中解决。在这方面，市北区"提升城市生长力，助推产业转型升级"的做法很有借鉴意义。

　　2016年，市北区创新提出了"城市生长力"的城市治理品牌，秉承"开放、融合、共享"的理念，通过实施"经济实力、产业活力、城区魅力、社会合力、治理能力"提升工程，深入推进"区域管理网格化、全区统筹信息化、公共服务精准化、社会治理精细化"，推动城市生长力全面提升，让生活在市北的每一个人，都能感受到城市的温度和热度，真正实现"人民城市人民管"。

"城市的核心是生活在城市里的'人'，城市的热度、温度来源于城市的全面发展和百姓情怀，这好比鸟之双翼、车之双轮，共同激发城市前行的信心和力量。城区要实现更高质量、更可持续的发展，既要有高端的产业和繁荣的经济，也需要富有温度的城市治理。只有时刻把人放在心上、以人为本源，多站在人的立场、群众的角度想问题，才能赢得群众的信赖与支持。"市北区委书记郑德雁如此解释城市的温度和热度。

为了全面提升城市生长力，市北区依托邮轮港优势，打造湾区现代服务中心。通过开展招才引智工程，打造智库集群，不断提升人均、地均产出能力，建设先进智慧产业中心。郑德雁介绍说，下一步市北区要优化城市空间布局，全面完成棚户区改造和老企业搬迁任务，完善功能性、网络化的基础设施体系，提升城市生态品质，实施智慧引领战略，提高城市治理现代化水平，建设城市绿色发展中心。坚持以人民为中心的发展思想，完善教育、医疗、文化、养老、住房、健康等现代服务体系，着力提升居民生活舒适感、便捷度，打造主城人文生活中心。

让服务和治理更精细

以城市治理网格化、信息化为抓手，实现城市共同建设、共同治理、共同分享。

精细化无疑是城市治理的发展方向。在这方面，市北区选择的是以城市治理网格化、信息化为抓手的做法。通过统筹政府、社会、市民三大主体，厘清"为谁治、谁来治、和谁治"三个层面的问题，鼓励企业和市民通过各种方式参与城市建设治理工作，实现城市共同建设、共同治理、共同分享。

在市北区，有一个城市治理指挥中心，这个机构与城市管理、安全生产、应急管理、综合执法、公安110指挥中心、政务热线等多部门联合办公，建立综合值班平台，实行联合值班、联合办理。实施综合行政执法改革，以相对集中行政执法权、整合规范执法机构、推进执法重心下移、优化执法力量配置为主要内容，以街道为重点，整合城管、文化、价格、服务业、房管等部门的执法力量，全面推进适应经济社会发展要求的跨部门、跨领域综合行政执法，增强了基层政府治理能力和社会管理水平。同时，建立区、街道（部门）和社区三级管理平台，明确每级平台的职责分工，社区负责前端防控，街道重在综合管理，区级平台做好服务监管，协调解决重大疑难问题，同时以标准化要求推动城市治理提速提质提效。

市北区城市治理指挥中心副主任孟涛介绍说，市北区通过网格化、信息化，利用区级信息数据中心、城市治理微信公众号、"在市北"APP等平台，拓宽信息搜集渠道，打造民意民情直通车，及时、全面、精准地了解群众所想、所盼、所需，准确调整管理政策、资源配置和服务方向，实现服务效益最大化。这些年，通过多渠道征求群众意见，市北区得以更好地倾听民声、集中民智、把握民意，既解决了很多像棚户区改造这样事关长远发展的大事难事，也能够针对不同群体"量体裁衣"，从群众急需的漏雨房屋维修、破损门窗更换等具体小事做起，办成了很多社会关注、群众期待的"急事""要事"，提高了公共服务供给的质量和效率。市北区重点打造的社会组织"创益工场"，全方位参与社区公共服务，有效补充了政府服务资源的不足，增强了群众的满意度和获得感。

此外，市北区根据区域管理的实际情况、难易程度，细化管理单元，科学划定网格，明确责任归属，加强人员配备，推进"区域管理网格化"，努力实现"责任不出格、管理无缝隙"，有效解决了推诿扯皮等治理难题。

2016年7月，市北区全面推开城市治理网格化工程，建立了城市管理三级联动机制。以社区为单位，将全区划分为135个社区网格、1064个单元网格，将124个区域相对集中、面积较大的厂区、园区、校区、企业等划分为拓展网格，共计1188个责任网格。同时，市北区积极探索政府体制扁平化管理，落实机关干部下沉网格。每个社区网格都设立网格长、网格巡治员，街道会安排1名处级干部、1名科级干部和1名综合执法队员下沉到社区网格，并指定责任科室指导社区网格工作，属地公安派出所和交警中队也会安排1名干警下沉网格，按工作分工承担相应网格管理责任，对网格内"人、地、事、物、组织"实施全覆盖管理。通过这些举措，市北区把城市治理的主体从过去的以城市管理部门为主，扩展到机关事业单位、街道干部、综合执法人员、社区工作者、网格员等各个层面，构筑了横向到边、纵向到底的责任体系，初步形成了责任清晰、运行高效的城市治理工作格局。

引进"外脑"提升内涵

积极搭建政产学研协作平台，集聚高端智库，发挥"外脑"作用。

在推进城市治理转型升级的进程中，市北区主动聚焦知名高校和学术科研机构，积极搭建政产学研协作平台，集聚高端智库，发挥"外脑"作用，推动城市治理现代化和标准化建设取得新成效。

通过深化与北京大学、中国政法大学、中国科学院等高校机构的合作，市北区集聚了包括北京大学（青岛）城市治理研究院、中国政法大学—国际城市管理协会青岛研究院在内的一批高端智库和研究机构。依托这些智库平台，市北区引进与城市治理相关联的产业项目，打造城市治理产业发展高地。

目前，市北区依托浪潮研发中心、青岛地理勘察测绘院等科研院所和企业，借助移动GIS、三维地理信息、大数据等信息化技术手段，已全面摸清经济社会各类资源"家底"，整合全区人口、企业、建筑物、危险源、城市部件、监控摄像头等各类信息，构建全区统筹的城市治理信息化管理系统，通过一个平台实现数据的集中管理、互通共享，为政府科学决策提供准确、全面、系统的数据支持，实现城市治理智能化、协同化、精确化。

市北区在城市治理现代化方面的探索已经初具成效，但仍然存在体制不健全、职责不清晰、信息不统筹、手段不健全等问题。笔者认为，包括市北区在内的很多城市老城区在提高治理能力时，应努力诠释城市的温度和厚度，让每一位市民都有获得感。首先，温度是居民心理接受爱和情感的过程，严格来讲温度就是以人为本。其次，城市有厚度则是以文化涵养城市，尊重城市的历史及文化发展规律，以文化的力量推动城市转型发展。要在"四个全面"战略布局中规划城市治理工作，用"五大发展理念"科学推进城市治理现代化，让人民群众共享改革开放的成果，共享城市发展的成果。

（汪碧刚：《从青岛市市北区实践看城市治理现代化
——城市的温度从何而来》，《经济日报》2017年8月2日）

第一章

我国城市治理的
理论研究

第一节　我国城市治理研究的现状

我国学者对城市治理做了较多研究，出版了很多著作，这里面既有以教材的形式出现，如邱梦华的《城市社区治理（普通高校"十二五"规划教材·公共管理系列）》。也有以蓝皮书的形式出现，如潘家华等人主编的《城市蓝皮书：中国城市发展报告No.7——聚焦特大城市治理》。当然，更多的是以专著的形式出现。在这些专著中，有的学者从历史视角对城市治理问题进行了相关研究，如梁远的《近代英国城市规划与城市病治理研究》。有的学者从综合性视角对城市治理问题进行了研究，如俞可平的《治理与善治》，李友梅的《城市社会治理》，张海冰等人的《我国城市社区治理模式创新研究》。有的学者从专业视角对城市治理问题进行了研究，代表作有蒋晓伟的《城市治理法治化研究》，王志锋的《城市治理的经济学分析》，金江军的《智慧城市：大数据、互联网时代的城市治理》。有的学者从理论视角对城市治理问题进行了相关研究，如贺佐成的《社会资本视角下城市虚拟社区治理研究》。有的学者对城市治理的行为主体进行相关研究，代表作有於强海的《城市治理：城市治理中的社会组织》，王佃利的《城市治理中的利益主体行为机制》，刘淑妍的《公众参与导向的城市治理》。有的学者以具体的某个案例城市作为研究对象进行了相关研究，如黄群慧等人的《厦门城市治理体系和治理能力现代化研究》，何显明等人的《城市治理创新的逻辑与路径：基于杭州上城区城市复合联动治理模式的个案研究》，张燕平的《城市治理脏乱公共管理体系的构建——以贵阳市"整脏治乱"公共管理体系构建为例》。还有的学者对国外城市治理的经验与启示进行了相关研究，如张红樱等人的《国外城市治理变革与经验》，陶希东的《全球城市区域跨界治理模式与经验》等等。可以说我国城市治理方面的研究成果还是非常丰富的。

一、城市治理内涵研究

要透析城市治理的内涵，首先就要透析治理的内涵。英语中的"治理"可以追溯到古典拉丁语和古希腊语中的"操舵"一词，原意主要是指控制、指导或操纵。罗西瑙将治理定义为"一系列活动领域里的管理机制，它们虽未得到正式授权，却能有效发挥作用"。全球治理委员会在1995年发表的题为《我们的全球伙伴关系》的研究报告中，对治理作出了如下界定："治理是各种公共的或私人的个人和机构管理其共同事务的诸多方式的总和"。它是使相互冲突的或不同的利益得以调和并且采取联合行动的持续的过程。[①]"治理"是对单向度的"管理"理论的超越，其特征可以概括为治理主体多元化、权力关系网络化、治理方式多样化、治理领域公共化，其要素是"权力主体的多中心化""回应性""互动性""公开性""透明度""公正""法治""效率"等等。城市与治理有着密切关系。"治理"的概念最初就源于城市问题，后来才被用于企业层次（公司治理）、国家层次（国家治理）和世界层次（全球治理）上。城市治理是治理理论在城市范畴的运用。相对于城市管理的单方性、高权性、强制性而言，城市治理体现了人本、人文、民主、法治、高效、和谐等重要理念。[②]应该说，治理的概念界定还是比较清晰的。

不同的学者对城市治理的概念有着不同的定义，如闵学勤[③]认为城市治理是指在城市范围内政府、市场和社会组织作为三种主要的组织形态形成相互依赖的多主体治理网络，在平等的基础上按照参与、沟通、协商、合作的治理机制，在解决城市公共问题、提供城市公共服务、增进城市公共利益的过程中相互合作的利益整合过程。何增科[④]认为，城市治理是指城市的政府、城市的居民以及各种社会组织等利益相关方通过开放参与、平等协商、分工协作的方式达成城市公共事务的决策，以实现城市公共利益的最大化。虽然学者们关于城市治

---

① 俞可平. 治理与善治 [M]. 北京：社会科学文献出版社，2000.
② 莫于川，雷振. 从城市管理走向城市治理——《南京市城市治理条例》的理念与制度创新 [J]. 行政法学研究，2013（3）.
③ 闵学勤. 基于协商的城市治理逻辑和路径研究 [J]. 杭州师范大学学报（社会科学版），2015（5）.
④ 何增科. 城市治理评估的初步思考 [J]. 华中科技大学学报（社会科学版），2015（4）.

理概念的定义是多样化的，但是他们反映出来的城市治理的本质有着明显的同质性。

为了更好地透析城市治理的内涵，有的学者介绍了西方城市治理的特征，如谢媛[1]认为西方国家城市治理有以下几个特征：社会主体参与程度不断提高；城市政府与社会的合作程度日益加强；城市社区与城市议会的治理功能日益突出；城市与区域之间联合治理的趋势不断凸显。还有的学者从与城市管理比较的角度探讨了城市治理的内涵，如闵学勤[2]的研究认为，相比以往的城市管理，城市治理至少在四个方面发生了变化：第一，以往城市管理中单一的政府主导格局，将在政府让渡部分权力之后，逐渐向政府、市场和社会共同治理的格局过渡；第二，城市治理需要更广泛的公众参与；第三，城市治理比城市管理更注重过程的合法性和有效性；最后，让城市公民更大限度地享受治理的福利是治理唯一需要追求的目标。应该说，国内学术界对城市治理内涵的研究是比较多的，从整体上来说，学者们对城市治理内涵的界定也是比较清晰的。

二、城市治理历史研究

历史研究往往是一项研究所不可或缺的，通过历史研究才能更好地了解问题的来龙去脉。对于城市治理研究来说也是一样，离不开历史研究的"把脉"。国内学术界对城市治理进行了很多历史研究，有的历史研究是探讨国外城市治理的发展脉络，如黄徐强[3]认为，美国城市治理结构自19世纪中叶至今经历了三波大调整：19世纪中叶至20世纪70年代主要试图在大都市建立统一集权的城市政府，形成了单中心治理模式；20世纪50年代至90年代主要着力于引入市场机制以迫使地方政府相互竞争，多中心治理模式得以成型；20世纪80年代至今的第三波改革旨在促成政府机关、营利企业、社会组织乃至个体公民的合作，

① 谢媛. 当代西方国家城市治理研究 [J]. 上海经济研究，2010（4）.
② 闵学勤. 基于协商的城市治理逻辑和路径研究 [J]. 杭州师范大学学报（社会科学版），2015（5）.
③ 黄徐强. 美国城市治理结构的模式演进及其对中国的启示 [J]. 广东行政学院学报，2015（6）.

网络化治理模式由此问世。有的历史研究是对国外城市治理发展中的一些重要事件进行分析，如李文硕[①]的研究通过考察美国纽约1968年环卫工人联合会罢工的起源、经过与影响，展示了政府雇员工会在城市治理中所扮演的角色。

还有的历史研究是探讨我国城市治理的发展变化情况，如徐林等人[②]通过全面透视了全球城市治理研究的历史流变，按照研究的问题域和方法论两个维度将城市治理研究划分成三个阶段：研究探索及提出阶段、研究完善及拓展阶段、研究跃迁后的"新范式"阶段。姚尚建[③]的研究指出，20世纪80年代以来，城市政府开始获得了相对农村政府的凌越地位，并主导着城市乃至区域性的治理，城市治理必须直面空间理论的批判与反思，并致力于重建社会空间、完善区域性正义供给、减少社会排斥之重任。可以说，我国学术界关于城市治理的历史研究成果还是非常丰富的，但是，比较而言，学术界对国外城市治理历史脉络的梳理还是比较清晰的，而对我国城市治理历史脉络的梳理还有待于进一步清晰化。

三、城市治理综合研究

国内学术界对城市治理进行了丰富的综合性研究，有的学者偏向于宏观层面的综合研究，如韩震[④]认为，城市公共治理的价值取向应该基于中国特色社会主义的实践需要，应该符合社会主义核心价值观的基本要求，走人本治理、民主治理、公平治理、依法治理、文明治理的道路。蒋晓伟等人[⑤]的研究指出，在城市治理法治化过程中，需要确立尽量满足人们生活需求的原则、民主化原则、社会化原则和科学化原则。有的学者偏向于中观层面的综合研究，如匡亚

---

① 李文硕. 20世纪中期美国的政府雇员工会与城市治理——以纽约环境卫生危机为个案 [J]. 上海师范大学学报（哲学教育社会科学），2016（2）.

② 徐林，卢昱杰. 城市治理研究的问题域和方法论——历史流变与研究展望 [J]. 理论与改革，2016（4）.

③ 姚尚建. 城市治理：空间、正义与权利 [J]. 学术界，2012（4）.

④ 韩震. 现代城市治理应有的价值取向 [J]. 中国高校社会科学，2015（2）.

⑤ 蒋晓伟，饶龙飞. 城市治理法治化：原则与路径 [J]. 甘肃社会科学，2014（4）.

林[1]以权力、参与、利益与风险为视角，以治理架构、民主规则与法治思想为指引，将城市治理的有效性诠释为有限分权、有序参与、利益整合与风险化解的四维向度。还有的学者偏向于微观层面的综合研究，如张亚明等人[2]建立了我国数字城市治理成熟度体系，同时结合因子分析与聚类分析方法，对我国31个省市的数字城市进行了实证分析，得出处于不同成熟度阶段的四类地区并找出其优势与薄弱环节，为我国数字城市采取有针对性的治理措施提供了有价值的参考。

有的学者围绕城市治理存在的问题以及优化路径进行了综合研究，如陈文等人[3]认为，我国城市治理面临着治理理念滞后、治理体制局限、依法治理能力不足、市民参与欠缺、治理方式粗陋、大都市协同治理机制缺失等困境，亟须完善城市治理立法体系，健全城市管理执法体制，压缩城市管理层级，建立健全部门协调联动机制，促进居民有序参与，提高城市治理的精细化和信息化水平，完善城市群协同治理机制。周善东[4]指出，围绕城市治理的社会路径构建，应把培育群众的市民意识、转变政府职能、发展社会组织、加强社区治理、厘清职能边界作为应着力推进的重点工作，初步搭建起城市治理社会路径的框架体系。

国内学术界对如何评估城市治理绩效进行了相关研究，有的学者侧重于评估模型的研究，如李宪奇[5]对城市治理评估模型的基本框架应当兼顾的方面进行了探讨。过勇等人[6]的研究建立了一个综合的治理水平评估框架，并以中国的五个城市为例，尝试采用主客观指标相结合的方法来评估中国城市的治理水平。王珺等人[7]构建了包括基础设施、文化教育、医疗卫生、社会保障、环境保护、园林绿化6个要素和49个评价指标的城市治理能力评价体系。城市财政投

---

① 匡亚林. 城市治理的有效性探微：有限分权、有序参与、利益整合与风险化解［J］. 云南行政学院学报，2015（6）.

② 张亚明，裴琳，刘海鸥. 我国数字城市治理成熟度实证研究［J］. 中国科技论坛，2010（5）.

③ 陈文，孔德勇. 我国城市治理改革趋向［J］. 开放导报，2015（3）.

④ 周善东. 城市治理的社会路径：价值、内涵与构建［J］. 山东大学学报（哲学社会科学版），2015（6）.

⑤ 李宪奇. 中国城市治理评估模型的建构与应用［J］. 江淮论坛，2015（6）.

⑥ 过勇，程文浩. 城市治理水平评价：基于五个城市的实证研究［J］. 城市发展研究，2010（12）.

⑦ 王珺，夏宏武. 五区域中心城市治理能力评价［J］. 开放导报，2015（3）.

入的产出效率反映了城市政府的管理水平和地方的治理绩效，林崇建等人[1]运用DEA两步法对江浙两省地级及以上城市的公共治理效率进行了研究。可以说，我国学术界关于城市治理综合研究的成果还是比较丰富的，但是从整体上来说，多数城市治理研究偏向于宏观和中观层面的综合研究，微观层面的综合研究还是较少。

四、城市治理理论研究

理论研究往往是一项研究的基础所在，决定了该研究的生命力和支撑力。对于城市治理研究来说也是一样，离不开理论的强有力支撑。国内学术界围绕着城市治理这一主题进行了很多理论研究。如莫于川等人[2]认为，城市治理包括如下理论要点：一是城市治理以人民主权为理论基石。二是城市治理的核心是行政民主化，以社会权利制约政府权力。三是城市治理的方法论是系统观、过程观、和谐观、辩证观。四是城市治理的实现路径是以多元主体参与为中心，以体制、制度建构为支撑，以机制、方式创新为主体，以信息技术建设为保障。

有的学者侧重从分析框架层面进行了相关理论探讨，如庄立峰等人[3]的研究指出，"空间正义"理应成为当代城市治理的一个重要维度，主要包括空间价值正义、空间生产正义和空间分配正义三个理论层面。有的学者侧重从分析视角和方法层面进行了相关理论探讨，如赵强[4]的研究认为，行动者网络理论为研究利益联盟网络的形成提供了一种新视角和新方法。从这个视角看，城市治理是异质行动者网络的组构和利益联盟网络形成、发展和更新的过程，是人类行动者和非人类行动者构成的异质行动者网络的组构过程。

---

① 林崇建，毛丰付. 财政投入与城市治理绩效分析——以江浙城市群比较为例 [J]. 财贸经济，2012（12）.
② 莫于川，雷振. 从城市管理走向城市治理——《南京市城市治理条例》的理念与制度创新 [J]. 行政法学研究，2013（3）.
③ 庄立峰，江德兴. 城市治理的空间正义维度探究 [J]. 东南大学学报（哲学社会科学版），2015（4）.
④ 赵强. 城市治理动力机制：行动者网络理论视角 [J]. 行政论坛，2011（1）.

有的国内学者介绍了西方学者对城市治理的相关理论研究，如曹海军等人[①]的研究指出，西方发达国家从功能混杂的城市逐渐发展成为具有复合性功能特征的大都市区，催生了城市职能和范围的重构。围绕城市发展的新形势，城市治理理论领域发生了三次范式转换，即传统区域主义、公共选择理论学派和新区域主义。瑞典的学者乔恩·皮埃尔[②]的研究指出，与城市政体理论不同，城市治理理论明确要求地方政治机构的主要职能是通过协调当地机构以达成集体目标。城市治理强调了对政治和制度控制的限制，以及社会参与实现集体目标的重要性。可以说，我国学术界关于城市治理理论的研究成果还是比较丰富的，但是从整体上来说，受多种因素的影响，很多国外的理论在运用到中国城市治理问题上时尚缺乏进一步的本土化过程。

五、城市治理主体研究

在城市管理时期，其管理主体往往是"单维度"的，政府占据着绝对的管理主体地位。而到了城市治理时期，其治理主体日益由"单维度"向"多维度"转变，形成了政府治理主体、社会治理主体、市场治理主体的"三位一体"格局。这种变化在学术界关于城市治理的主体研究中就能很好地反映出来，很多学者对政府、社会、市场三个治理主体都进行了相关研究。如田祚雄等人[③]认为，政府治理主体存在的问题表现为：政府包揽一切的"全能政府、无限责任政府"倾向；政府的越位和缺位并存；政府治理的本位功能发挥不足。市场治理主体存在的问题表现为：市场机制的误用；企业承担了部分理当由政府承担的责任；市场主体垄断与羸弱并存。社会治理主体存在的问题表现为：城市公共治理中缺乏社会组织的积极有序参与；已有社会组织数量少、力量弱、治理资源不足；社会组织自身建设存在偏差。

① 曹海军，霍伟桦. 城市治理理论的范式转换及其对中国的启示 [J]. 中国行政管理，2013（7）.
② 乔恩. 皮埃尔著，陈文，史滢滢译. 城市政体理论、城市治理理论和比较城市政治 [J]. 国外理论动态，2015（12）.
③ 田祚雄，杨瑜娴. 主体再造：推进城市治理体系现代化的关键 [J]. 学习与实践，2015（7）.

有的学者对如何处理不同治理主体之间的关系进行了相关研究，如黄鹰等人[1]对城市治理体系中治理主体进行了界定，明确提出服务型政府、责任型企业、协调型非营利组织和参与型市民四大定位，并对各主体职责进行了梳理，为进一步明确城市主体间的相互关系，为治理体系的构建和运行机制建立基础。王志锋[2]的研究认为，要协调不同主体间的利益博弈，首先要培育城市主体利益确认机制，其次要建立城市主体利益规范机制。而规范政府权力是实现各方博弈均衡与治理多元化的关键。王卫[3]的研究指出，围绕公私伙伴关系，基层政府与公民之间建立多方面的合作关系，不仅提高政府管理的效率，控制行政滥权、卸责现象，而且还在基层社会管理中引入一个新的治理逻辑，促进公共参与。

还有的学者在城市治理的主体研究中越来越强调公民参与的重要性，如马海韵等人[4]的研究指出，公民参与城市治理的困境需要注意以下几点：转变主体理念，促成政府和公民良性互动的网络治理状态；加强制度设计，保证公民参与城市治理有章可循；打造智慧城市，优化公民参与的数据化环境；建立健全法制，完善公民参与的各项法律制度；借鉴国际经验，学习域外公民参与城市治理的有益经验。可以说，我国学术界关于城市治理主体的研究成果还是非常丰富的，但是从整体上来说，受多种因素的影响，很多研究还是会无意中更强调政府的治理主体地位，而弱化了社会和市场的治理主体地位。

六、城市治理案例研究

国内学术界对城市治理进行了众多的案例研究，这些案例研究往往是选择一个具体的城市进行相关研究，有的学者还将一些在全国具有一定影响力的案例上升到了"经验"层面。如张兆曙[5]立足于杭州市推进城市治理的三个典型案

---

① 黄鹰，安然. 城市治理主体的职责定位 [J]. 开放导报，2015（3）.

② 王志锋. 城市治理多元化及利益均衡机制研究 [J]. 南开学报（哲学社会科学版），2010（1）.

③ 王卫. 城市治理中的公私伙伴关系：一个街道公共服务外包的实证研究 [J]. 广东社会科学，2010（3）.

④ 马海韵，华笑. 当前我国公民有序参与城市治理的困境及消解 [J]. 江西财经大学学报，2016（2）.

⑤ 张兆曙. 城市议题与社会复合主体的联合治理——对杭州3种城市治理实践的组织分析 [J]. 管理世界，2010（2）.

例，提炼联合治理的社会组织形式、参与结构与运作机制等"杭州经验"。胡刚等人①通过对新时期广州城市治理转型实践的深入分析与思考，阐明其理论价值和现实意义，并针对其不足之处加以提升完善。杨津等人②以广州市东濠涌的治理实践为例，找出这种公众参与在城市治理模式中发挥着何种积极作用，并从组织结构及其功能、多网络下的主导权问题、公众参与度以及精英人物和媒体介入的角度探讨了公众参与平台未能完全发挥作用的原因。

有的学者是在模式层面上来进行案例研究的，如陈雪莲③以北京市"城市精简"治理为例，对管控型特大城市治理模式进行了深入分析，得出结论认为，适用于中国特大城市治理的新思路是摒弃"管控型"特大城市治理模式，推行"多中心化"的城市群联动，以城市治理模式和社会管制方式上的多元化创新带动公共资源均等化和城市发展多元化。张丽娜④对合同制治理进行了相关研究，她认为，合同制治理为城市治理既带来了机遇，又带来了挑战。因此，加强城市政府合同制治理能力建设重在：确保市场主体的充分竞争，创造公平的竞争环境；设立独立的合同执行与监管机构，提高政府合同管理能力；完善相应法律制度，维护合作双方利益。

还有的学者是在实践做法层面上来进行案例研究的，如何显明⑤对杭州上城区"城市复合联动治理体系"的实践进行了深入研究。李保林等人⑥认为，近年在政治领域推进中的协商民主，其经验可为改革和完善城市治理方略输入积极的资源。协商民主经验中的公共协商、民主管理、重视法治思维和依靠法治方式、重视多元主体共治以及变管制型政府为服务型政府，均可输入城市治理现代化的进程。可以说，我国学者关于城市治理案例研究是非常充分的，但是，一方面，这些案例往往是集中在我国的东部地区的，对中西部地区的相关案例

① 胡刚，苏红叶. 广州城市治理转型的实践与创新——基于"同德围模式"的思考 [J]. 城市问题，2014（3）.
② 杨津，赵俊源，胡刚. 广州城市治理改革的反思——以公众参与东濠涌治理为例 [J]. 现代城市研究，2015（3）.
③ 陈雪莲. 管控型特大城市治理模式分析——以北京市"城市精简"治理为例 [J]. 中共天津市委党校学报，2016（3）.
④ 张丽娜. 合同制治理：城市治理面临的机遇与挑战 [J]. 行政论坛，2010（6）.
⑤ 何显明. 复合联动：城市治理创新的逻辑与现实路径——基于杭州上城区实践的个案分析 [J]. 中共浙江省委党校学报，2015（4）.
⑥ 李保林，刘强，高云. 协商民主经验对城市治理创新的启示 [J]. 学习论坛，2014（8）.

研究非常少。另一方面，这些案例研究往往是属于质性研究，相关的量化研究非常少。

七、城市治理借鉴研究

很多学者对国外的城市治理经验进行了相关研究，有的学者以多个发达国家作为经验借鉴的对象，如张莉[1]的北京社科基金项目成果在综合考察美、英、法、德、意等发达国家和巴西等发展中国家的公众参与制度与实践后，得出了对于我国的经验启示。杨馥源等人[2]从城市治理的视角，考察和研究20世纪70年代以来法国、日本、美国和德国等主要发达国家城市政府的治道变革和制度创新以及对中国城市政府改革的启示。孙彩红的研究[3]认为，美国、澳大利亚、英国等发达国家的一些城市治理中公民参与的案例具有共同特点：公民参与有法律基础和制度保障、有政府的引导作用、参与环节和链条比较完整、运用现代化手段促进参与等。

在城市治理的国外经验借鉴研究中，美国是学者们最为关注的国家，这方面的研究也是最为集中的。如苏晓智[4]通过对美国示范城市运动在西雅图、亚特兰大和代顿三个城市的具体实践的研究，试图对美国社区社会特征下，城市治理角度的实践和创新加以分析和总结，以期为我国和谐社会中和谐城市的建设提供借鉴和参考。杨宏山[5]分析了美国大都市地区府际合作的主要形式，探讨了美国大都市区治理实践对中国城市治理的启示和借鉴意义。除了美国之外，英国也是学者们比较关注的国家，这方面的研究也有不少，如曲凌雁[6]较为系统地归纳总结了英国围绕"合作伙伴组织"政策发展和创新的城市治理经验。

① 张莉. 国外城市治理八个启示 [J]. 人民论坛，2014（24）.

② 杨馥源，陈剩勇，张丙宣. 城市政府改革与城市治理：发达国家的经验与启示 [J]. 浙江社会科学，2010（8）.

③ 孙彩红. 国外公民参与城市治理的案例与借鉴价值 [J]. 中共天津市委党校学报，2016（1）.

④ 苏晓智. 从示范城市运动看美国社区社会特征下的城市治理——以西雅图、亚特兰大和代顿为例 [J]. 开发研究，2013（3）.

⑤ 杨宏山. 美国城市治理结构及府际关系发展 [J]. 中国行政管理，2010（5）.

⑥ 曲凌雁. "合作伙伴组织"政策的发展与创新——英国城市治理经验 [J]. 国际城市规划，2013（6）.

为了能够更好地学习借鉴国外的城市治理相关经验，有的学者以同属于儒家文化圈的国家作为经验借鉴对象，如韦如梅[①]的研究指出，对比新加坡，我国在公民参与城市治理方面还存在诸多问题，如法制化程度不高、角色定位单一、形式主义严重、参与领域不平衡等。加强中国城市治理创新，提高公民参与效能，应着重从提高认识、培养公民素质、建设公民社会、健全参与制度等方面入手。还有的学者选择了一些发展中国家作为经验借鉴对象，如周志伟[②]的研究认为，巴西在城市治理方面的经验可以概括为以下几点：推动农村土地改革；实施旨在减贫的系列社会政策；改善城市基础设施；推广职业教育，促进贫困人口就业；调整经济布局，缓解大城市压力。可以说，我国学术界关于城市治理的借鉴研究成果是比较丰富的，但是在借鉴过程中往往也存在着"照抄照搬""生搬硬套"的现象。

第二节　我国城市治理研究的不足

关于城市治理的研究，是一项既具有历史性、现实性，又具有前瞻性的研究。从研究成果的数量上来说还是相对比较多的，但高质量的、有分量的研究成果却比较少，这是一个可以有所突破而且亟须突破的研究领域。通过对已有研究的回顾，课题组发现以下几个方面的不足之处：

首先，当前已有的研究大部分是从实践层面来研究城市治理问题，缺乏相应的理论支撑。关于城市治理的现状、问题及对策研究都较为经验化，没有形成系统性的理论体系作为支撑。而已有的一些理论支撑往往是从国外研究中直接引用过来的，对中国城市治理实践的解释力往往较弱。实践往往需要理论的

---

① 韦如梅. 城市治理中的公民参与：新加坡经验的中国借鉴 [J]. 湖北社会科学，2014（8）.
② 周志伟. 巴西城市化问题及城市治理 [J]. 中国金融，2010（4）.

指导，而理论往往需要实践的检验。因此，课题组认为在城市治理研究过程中要做到理论研究与实践研究相结合，这样的研究才更具有说服力和解释力。其次，现有的城市治理研究更多的是以政府这一参与主体为研究对象的，而对其他的参与主体——特别是公众的重视程度还是不够的。公众是城市治理研究的出发点和立足点，应给予足够的重视。课题组认为城市治理不仅要与外部环境——城市的经济社会发展状况相匹配，也要与内部环境——参与主体的城市治理需求相匹配。因此，课题组认为在城市治理研究过程中对政府、公众、企业、非政府组织等参与主体进行深入的研究是必不可少的。第三，已有的城市治理研究更多的是一些质性研究，相关的量化研究明显不足。现有的研究主要是通过案例的形式进行的，而且这些案例的选择也主要集中在东部发达地区，很少涉及中西部地区。而这方面相关的量化研究很少，特别是大样本的量化数据少之又少。城市治理研究不仅需要典型的案例分析，也需要大样本的数据分析。因此，课题组认为在城市治理研究过程中需要很好地结合质性研究与量化研究。第四，现有的城市治理研究在借鉴国外经验时更多的是"生搬硬套"，与中国国情结合的紧密度还不够。虽然国外的很多理论模型和实践经验在不同程度上对我国的城市治理具有一定的解释力和借鉴意义，但也存在相当的局限性。因此，在学习和借鉴的同时我们要注意中国的经济制度、政治制度、社会制度和文化基础与国外存在的差异，不要一味地照抄照搬国外的理论模型和实践经验，而应当结合中国的实际情况进行城市治理理论与实践的改良和创新。最后，已有城市治理研究对类型差异性的研究明显不足。类型差异性研究对于深化城市治理研究是必不可少的。但是，现有的城市治理研究对不同历史时期政府、社会、市场等不同参与主体作用的差异，大城市、中型城市、小城市等不同规模城市的治理模式差异，城市常住人口、流动人口、民族人口、外国人口等不同对象态度和意愿差异的研究都还是不够的。

第三节 我国城市治理研究的趋势

一、研究重点

从我国的实际情况出发，城市治理创新应当突出以下三个重点：第一，服务。城市治理应当从"管制型"转为"服务型"，从"网格化管理"转为"网格化服务"，并满足市民个性化需求；第二，共享。城市治理不但要体现工具化共享和信息化共享，更重要的要突出价值共享；第三，融合。要促进城市居民之间的观念、新旧体制之间的融合和公共治理的融合，这是破解城市碎裂化的唯一出路。城市治理创新需要新的观念、新的价值、新的体制和新的公共政策，对于我国来说，城市创新和城市治理的现代化不仅关系到国家治理的现代化，而且直接关系到广大城市居民的幸福生活。城市治理是政府治理、市场治理和社会治理的交叉点，在国家治理体系中有着特殊的重要性，推进城市治理的创新，就是推进国家治理的现代化。

对于一项理论和实践相结合的研究，城市治理研究要解决的问题很多。课题组认为研究的重点包括以下几个方面：首先，更好地总结我国各地城市治理的不同模式。只有在对城市治理模式进行充分的类型学分析的基础上，才能对我国不同地区的城市治理因地制宜地提出对策建议，从而更为有效地解决我国不同类型城市治理模式中面临的各种难题。其次，对城市治理与其外部环境——城市经济社会发展状况相匹配程度进行研究，构建起衡量我国城市治理与城市经济社会发展匹配程度的量化指标体系。城市治理要与城市经济社会的发展状况相匹配，使两者之间形成良性互动的局面，只有这样才能更好地优化我国的城市治理。再次，对城市治理与其内部环境——不同参与主体的城市治理需求相匹配程度进行研究，构建起衡量我国城市治理与不同参与主体的城市治理需求匹配程度的量化指标体系。城市治理要与参与主体的城市治理需求相匹配，使两者之间形成良性互动的局面，只有这样才能更好地优化我国的城市治理。最后，对城市治理进行类型学比较研究。包括不同参与主体的类型学比较，分别研究城市治理中政府、社会、市场三个参与主体的不同作用；不同规模城市的类型学比较，分别研究在大城市、中型城市、小城市的治理问题；不同对象的类型学比较，分别研究城市常住人口、流动人口、民族人口、外国人口对城市治理的不同态度和意愿。

二、研究难点

对于城市治理研究来说，如果要在宏观与微观、定性与定量、理论与实践的结合上阐明问题，又要充分考虑到社会变迁因素和各地的不同经济社会发展现状，难度是很大的。课题组认为最大的难点包括以下几个方面：

首先，对城市治理模式与城市经济社会发展状况和参与主体的城市治理需求的匹配程度进行研究难度较大。如何才能使城市治理模式与城市经济社会的发展状况和参与主体的城市治理需求相匹配，使它们之间形成良性互动的局面，这是一个比较复杂的问题。特别是要构建衡量我国城市治理模式与城市经济社会的发展状况和参与主体的城市治理需求匹配程度的量化指标体系，更是存在较大的难度。其次，不同地区之间城市治理模式的横向比较很难达到纵向研究的效果。地区之间经济社会发展状况的差异决定了要在不同地区之间对城市治理模式进行横向比较的效果较差，很难达到纵向研究的效果，使得不同地区之间城市治理模式的借鉴意义有限。而在该领域的研究过程中必然会涉及如何通过横向比较达到纵向研究的效果，这无疑也将会成为研究中的一个难点。再次，经济社会的快速发展增加了对我国城市治理进行研究的难度。当前我国正处于快速的经济社会转型发展之中，许多制度与发展模式正处于改革和创新之中，这就使得影响城市治理道路选择的因素错综复杂，在这样的背景下对转型社会中的城市治理道路的探索就必然会带有几分风险，这无疑加大了该领域研究的难度。最后，借鉴国外城市治理的理论模型和实践经验一定要充分考虑中国的实际情况。不同国家和地区因经济、社会、文化的不同，其形成的城市治理的理论模型和实践经验会有极大的差异，即表现出明显的本国、本地特征。我国城市治理的外部环境和内部环境与国外城市治理的外部环境和内部环境差异极大，这要求我们必须要走适合于我国经济社会发展状况、满足参与主体城市治理需求、具有中国特色的城市治理道路。因此在借鉴国外城市治理的理论模型和实践经验时，一定要充分考虑我国的实际情况，有选择地吸收和借鉴，这无疑也会增加研究的难度。

三、有待创新之处

城市治理的基础是城市，治理的核心在人，终点是文化。换而言之，基于城市发展研究城市治理，以便民惠民为服务宗旨，最终实现文化治理。城市是有温度与厚度的，城市的温度是人本理念，居民心里付出和接受爱的情感体现，爱是一种创造性的活动，真正的爱，可以在对方身上唤起某种有生命力的东西。一座有温度的城市，会让身处其中的人们，不断地从内心深处捕捉到这股彼此激发的生命力流淌。每个人的感受加总起来，就是城市的体温。尊重规则，遵守契约，互相礼让，善意待人，爱护环境，彼此鼓励，扶贫助弱……这一切，都刻下城市的温度。温度是对城市文明的一种抽象演绎。城市的厚度是以文化涵养城市。文化是城市的内核和灵魂，它涵养着每一座城市，是城市发展永不衰竭的动力。建设城市，必须尊重这座城市悠久的历史和深厚的文化，遵循城市及文化的发展规律，以文化的力量推动城市转型发展。

对于城市治理研究来说，有待创新之处包括以下几个方面：首先，研究框架的创新。在传统的城市治理"单维度"分析范式基础上，以国家、社会、市场为宏观视角，以政府、公众、企业为微观载体，构建更具解释力的二重"三维度"分析框架，对城市治理的作用机制和优化路径问题进行更好的理论解释和实证分析。其次，研究观点的创新。在城市治理研究过程中，从国家、社会、市场"三维度"分析框架来厘定问题、剖析问题、解决问题，使理论基础、现实基础、存在问题、经验借鉴、解决路径的内部分析逻辑高度一致，从而使对城市治理提出的观点更具针对性、操作性和有效性。最后，研究方法的创新。通过宏观层面的"结构—制度"静态分析与微观层面的"过程—事件"动态分析相结合的方法来开展城市治理研究，使宏观研究与微观研究、静态分析与动态分析很好地融合在一起，能够使城市治理研究更具理论解释力和现实分析力。

第二章

青岛市市北区城市治理的
发展历程

　　青岛解放前，1949年5月，成立市北区军政委员会，同年9月，成立市北区人民政府。1950年3月，改称市北区公所。1951年7月，改称市北区人民政府。1994年5月，中共青岛市委、市政府以青发［1994］17号文件《中共青岛市委、青岛市人民政府关于认真做好行政区划调整工作的通知》，正式宣布对市区行政区划调整方案。方案中，将市北区、台东区、四方区的吴家村、错埠岭两个街道办事处及崂山区李村镇的杨家群村、河马石村、夹岭沟村和高科技工业园中韩镇的浮山后村、埠西村等5个行政村合并，成立新的市北区，沿用市北区名称，机关驻地设在顺兴路24号。2012年12月3日，根据国务院《关于同意山东省调整青岛市部分行政区划的批复》，省政府《关于调整青岛市部分行政区划的通知》，撤销青岛市市北区、四方区，设立新的青岛市市北区，以原市北区、四方区的行政区域为新的市北区的行政区域。东西最大距离11.5km，南北最大距离9.9km，海岸线长17.83km，总面积65.40km^2。常住人口106.9万人，户籍人口87.4万人，人口密度1.34万人/km^2，辖19个街道办事处，135个社区居委会。市北区城市发展经历的三个发展阶段，每个阶段都打上了时代的印记。梳理这三个阶段，从中我们可以悟出一些对未来城市发展有利的策略，并在今后的城市建设中制定或修改发展计划，使城市朝着可持续的路子健康发展。

第一节　城市管制阶段的城区治理

　　管制是一个在经济学、法学和政治学领域广泛使用的概念。然而，本书主要关注的是政治学范围内的管制概念，对经济学和法学领域内的管制概念暂且存而不论。政治学强调管制的政治与行政的内涵。米尼克认为，"管制是针对私人行为的公共政策，它是从公共利益出发而制定的规则。"米尼克的定义强调了管制的公共性与强制性内涵。政府管制是以行政或政治控制为主的政府行政模式，不仅仅表现为单纯的经济管制，而且渗透到社会生活的方方面面。管制是政府行政机构针对社会存在的诸多问题，以统治阶级利益最大化为目标，制定并实施的干预行为主体行为的一般规则。

一、政府管制的内涵

作为一种管理类型，政府管制具有以下一系列特殊的内涵：第一，管制的主体是政府。政府是"从社会中产生又自居于社会之上"的独立存在，完全不受其他组织的干涉和影响。它是社会的资源分配中心、信息发布中心和权威辐射中心。第二，管制是一种自上而下单向运行的权利运动。政府拥有的权利是由人民让渡他们自身的一部分权利而形成的公共权力，其目的是为人民服务的，保护人民的利益，维护社会的稳定。但随着时代的变迁，人民已不再是权利的主体，他们不能自主地掌握自己的命运，必须无条件地接受政府的管理。第三，管制的方式。管制意味着社会中一切资源、一切活动都必须受政府的调配，按照管理者的主观意志来设定框架体系，使它们始终处于可控制的范围。第四，"便于管理"是最高行为准则。管理者始终把自己放在一个"中心"位置上，凡事都要便于他们管理却完全无视被管理者的便利与否。第五，指令、指示、命令、强制是政府实行管制最常用的手段。不论在什么时候，什么情况下，政府都是权威，人民对于其下达的命令只能是无条件地服从。

二、政府管制的具体表现

政府管制是巩固政权、建立秩序、解决矛盾和危机、发展经济社会必不可少的手段。具体表现在：

（一）经济领域的管制式治理

管制式治理采用行政命令、计划控制，生产者和生产单位没有自主权。新中国成立初期，市北区经济非常落后，区街没有工业，仅有部分商栈店铺，多集中于市场三路、聊城路、辽宁路、益都路一带。台东区以工业企业为主，生产的主要产品有针织品、木制品、印染品、乐器、服装等。中共市北区、台东区两区区委、区政府领导区内人民巩固人民政权，开展经济建设，推动社会各项事业发展。青岛解放后，在全区范围内开展没收官僚资本，接管国民党产业，建立国营经济。市政府贯彻"生产自救，社会互济"方针，恢复生产。区级人民政府建立后，市政府对工商业进行调整，在"公私兼顾，劳资两利"的方针指引下，私营资本恢复和发展。通过调整，加强对资本主义经济的管理和国营经济领导。1951年7月，青岛市调整行政区划并为各区性质定位，市北区定为商业区，台东区定为工业区。两区政府发动群众，组织生产组和合作社。1952年，开展"三反"、"五反"运动。市北、台东两区形成由国营、公私合营、手工业合作社、个体手工业多种经济成分并存的经济发展格局。经过没收官僚资本工业，改革民营资本工业和手工业作坊，完成对区域内手工业和资本主义商业的社会主义改造，实行全行业的公私合营，转入全面社会主义建设。1953年，国家进入大规模的计划经济建设时期，市北、台东两区成为私营工商业比较集中的地区。1954年，两区政府加强对生产企业的领导，增设手工业管理科，组织企业向集体合作化生产发展。1958年，大批驻区市属企业、事业单位下放归区管理。区内增设经济计划委员会和财政、交通、城建、工业、商业、粮食等行政管理机构。台东区增设重工业局。市北区政府成立街道工业生产办公室，组织全民办工业，街道工业生产随着社会主义建设"大跃进"发展起来。

（二）社会领域的管制式治理

其特点是包揽社会事务，甚至私人事务，实行严密控制，没有或很少有社会组织，社会没有自治权。新中国成立初期，民政部门工作以稳定社会秩序为重点，组织失业工人生产自救，协助收容流浪街头、无家可归的人员等。社会主义改造时期，以优抚安置、社会救济为主要任务。居民委员会（以下简称居委会）的设置始于1952年。青岛解放初期，摧毁国民党政权基层保甲组织后，人民政府在街道上建立生产自救组织和居民大组、居民小组，后相继建立众多隶属关系不同的居民组和各种工作委员会。至1952年夏，街道有各种临时性组织多达20种（个）。1952年，以各区人民政府为主，会同有关单位组成"建立街道居民组织工作委员会"，负责筹建街道基层组织——居民委员会。通过划分选区、召开会议、选举代表，成立居民委员会和各种专门工作委员会。至1953

年5月，市北、台东两区共建立19个居委会。居民委员会的范围以派出所所辖户籍段为单位，1000～2000户左右成立1个居民委员会。居民集中居住的里院，500户以上者单独建立，不足500户与附近街道合并组成。居委会由居民代表会议选举产生，内设治安、卫生、文教、调解、拥优救济等工作委员会。居委会成立后，其他街道临时性组织一律取消，其工作合并到相同性质的委员会。居委会下设居民小组若干。居民小组的划分以公安派出所所辖户籍段内15～30户为限。居民委员会直接受区人民政府领导，其治安工作委员会受居民委员会与公安派出所双重领导。1953年，规定居民委员会的经常工作任务是：组织与教育市民自觉地为国家建设服务，对市民进行政治、思想、文化教育，教育与组织群众做好社会治安工作，组织教育群众进行各种公益福利等事项。

1954年10月，青岛市在设立街道办事处的同时，对居民委员会进行整顿改选。市政府规定，按居民自然居住状况和社会联系，以100～300户为范围，每一公安户籍段建立1～2个居民委员会，将市北、台东两区的19个居委会改建为169个。居民委员会设治安保卫委员会和人民调解委员会，妇女、文教、卫生、拥优、福利等项工作由居委会委员分工负责。职工集体宿舍区建立职工家属委员会，受基层工会的直接领导。

（三）政治和管理领域的管制式治理

其特点是公民没有或很少有直接的政治参与权和管理权，也没有经济自主权。管制是政府行政机构针对社会存在的诸多问题，以统治阶级利益最大化为目标，制定并实施的干预主体行为的一般规则。管制型政府就是以管制作为主要管理手段的政府。

第二节　城市经营阶段的城区治理

经营城市，就是以城市发展、社会进步、人民物质文化生活水平的提高为目标，政府运用市场经济手段，通过市场机制对构成城市空间和城市功能载体的自然生成资本（土地、河湖）与人力作用资本（如路桥等市政设施和公共建筑）及相关延利资本（如路桥冠名权、广告设置使用权）等进行重组营运，最大限度地盘活存量，对城市资产进行集聚、组合营运，以实现城市资源配置容量和效益的最大化、最优化。这样就有效地改变了原来在计划经济条件下形成的政府对市政设施只建设、不经营，只投入、不收益的状况，走出一条以城建城、以城兴城的市场化之路。改革开放以来，伴随着经济的快速增长和市场经济体制的逐步完善，社会领域发生了翻天覆地的变化。一方面，市场经济使得传统社会结构解体，社会阶层日益分化，社会需求呈现多样化的特征；另一方面，社会资源迅速增加，社会流动性大大增强，社会事务日趋繁杂且变幻莫测，高度集权的管制性社会管理已经不能适应社会变迁的要求。在市场经济条件下，市场是资源配置的基础性机制，作为公共服务的供给者，政府的作用在于为市场经济的运行提供良好的环境，这就要求政府由管制者向服务者转变，"树立与社会主义市场经济体制和我国政治制度相适应，与开放、动态、信息化社会环境相适应的社会管理理念"。

2001年，青岛提出了"经营城市"的设想，认为我国的城市要想在社会主义市场经济条件下迈入健康发展的轨道，必须进行观念的转变，树立经营城市的理念。2002年，青岛市开始将"经营城市"付诸实施。市北区以提高城市形象，增强城市综合竞争力，凸现城市精神为内涵，紧扣"商贸兴区"和"科教兴区"战略，塑造市北特色，用经营城市的理念来加快城市基础设施建设，以经营城市的手段来管理城市，提升城区功能，促进市容市貌大改变。

一、经营城市以规划为先导，实现高起点规划

高起点规划、高标准建设，这样建起来的城市才称得上是精品。因此，城市建设必须有科学的规划。没有完善规划建起来的城市就是重复建设，就是浪费资金。市北区提出的城市建设的标准是以建设国际化高品质特色城区为目标，按照"一轴辐射、两极集聚、四区带动、多点支撑"的战略布局（"一轴辐射"

即以贯穿东西12.5km的商贸长廊为轴，通过完善服务功能、集聚商贸载体、延伸产业链条、挖掘消费群体，形成以商贸长廊为轴的大商贸、大市场发展格局，不断扩大商贸核心区的辐射半径；"两极集聚"即加速推进青岛中央商务区和小港湾蓝色经济区集聚发展，使其成为该区未来经济发展的两大增长极；"四区带动"即以浮山商贸区、台东商业区、青岛啤酒文化休闲商务区、科技街高新区带动现代服务业、高新技术产业、文化产业快速发展；"多点支撑"即以特色街区、产业基地群、创意园区等各类载体为支撑，促进传统服务业优化升级，催生新兴产业聚集发展，推动高端优质企业集约集群发展），更加注重产业结构优化升级，更加注重城市建设管理，更加注重保障和改善民生，更加注重生态环境建设，促进经济平稳较快发展和社会和谐稳定，努力把市北区建设成"商务之都、创业沃土、文化客厅、宜居家园"。

二、经营城市以产业结构为依托，实现可持续发展

实现城市的可持续发展必须培育较强的经济增长点，不能搞成"卧城"。按照城市基础理论来衡量，如果一个城市的基本经济种类属于正在增长的产业，那么这个城市发展的活力就比较乐观；如果一个城市的基本经济种类不仅是增长型的，而且是多样化的，那么这个城市的发展就相当乐观了。因此，城市发展不是孤立的，必须和相关的产业，包括工业、交通运输、旅游等产业紧密相连，这样的城市发展才是健康的。市北区在城市建设中，就有意识地下力量加快经济结构调整步伐。

（一）更加注重优化结构，全力推动产业层次升级

不断适应市场需求变化，突出发展结构优化、技术先进、清洁安全、附加值高、吸纳就业能力强的现代产业体系。依托中央商务区、小港湾蓝色经济产业基地、榉林山外包产业基地等产业载体，重点发展总部经济、海洋经济、服务外包、金融服务、中介服务等新兴产业；依托青岛文化街、青岛影视制作基地、中联2.5产业园、青岛1919创意产业园等产业载体，重点发展演艺娱乐、发行印刷、创意设计、节庆会展等文化产业；依托特色街区和博物馆等旅游资源，

重点发展以购物、美食、工业、婚庆等旅游产品为重点的特色旅游产业；依托"一街一区两园三基地"，加快华强广场、嘉里建设等重点项目的推进，着力引进和培育资源占用少、成长速度快、税收贡献高、产业带动强的都市型科技企业，重点发展信息技术、科技中介、新材料、新能源等高新技术产业，促进都市型科技企业聚集发展。

城区发展方式从规模速度型向质量效率型加快转变。市北区生产总值连续跨越500亿、600亿台阶，接近700亿大关，年均增长9%；一般公共预算收入迈入百亿俱乐部，总量位居山东省各县市区第五，年均增长9.6%。高端服务业"十个千万平方米"工程主体竣工和投入运营面积分别达到1557万㎡和1352万㎡，现代服务业增加值年均增长12%，三产占生产总值比重由73%跃升到81%。全区总部企业由35家增加到70家，上市挂牌企业由2家增加到62家，金融机构由95家增加到171家，高新技术企业由40家增加到120家，新增10万㎡以上商业综合体4处，新认定国家级众创空间、国家级孵化器位居全市前列，累计引进"两院院士"8人、国家"千人计划"专家12人，新增中国驰名商标7件、新创省著名商标22件，新增各类市场主体6.7万户、总量实现翻番。[①]

（二）更加注重有效投入，全力加快重点项目建设

坚持不懈地推进重点项目建设，鼓励资源节约型、产业带动型、生态环保型等推动投资结构优化的大项目、好项目，大力发展对税源和就业贡献大的重点项目，加强重点建设项目投资审计，切实提高财政资金投资使用效益。目前，全区共有国际航运中心大厦等133个重点项目开工，总投资1300亿元；和达中心城等45个项目竣工，总投资355亿元。立足产业振兴，强化定向招商，86个过亿元优质项目相继落户，实际利用内资累计完成595亿元，到账外资累计完成17亿美元，对外开放水平实现新提升。围绕提高项目签约率、开工率、竣工率和投资到位率，确保中海商业地产等15个投资过亿元的项目主体竣工，卓越大厦二期等15个投资过亿元的项目开工建设，新增20个外资300万美元以上、

---

① 市北政务网. 政府工作报告（2017年2月23日在青岛市市北区第二届人民代表大会第一次会议上）[EB/OL]. http://shibei.qingdao.gov.cn/n4447/n1651931/n1652051/n2610129/n2967524/170228103647876070.html.

内资3000万元以上的储备项目。加快重点园区板块开发，国际邮轮港纳入市级功能区管理，邮轮码头、客运中心建成启用，滨海新区开发建设全面铺开，中央商务区、新都心强势崛起，浮山商贸区、啤酒文化休闲商务区、青岛山一战遗址公园建设顺利推进，以国家大学科技园为核心的创新创业示范区多点开花。重点项目对经济发展的拉动作用、对高端要素的集聚能力不断增强，城区活力在空间拓展、功能优化中加快释放。

　　坚持不懈地把项目作为经济工作生命线，深入开展"双月攻坚"等系列活动，进现场、解难题、促开工、抓落实，青房财富地带等59个项目竣工交付或主体封顶，启迪协信青岛科技园等35个项目开工建设。滨海新区完成总部大道片区规划编制，4个项目60万m^2竣工验收，11个项目188万m^2开工建设，航务二公司后海基地正式实施搬迁，瑞昌路立交桥打通工程取得突破性进展；中央商务区9个项目主体封顶，总建筑面积45万m^2的卓越世纪中心交付使用，上海重佑、光大安石等国内知名资产管理公司相继落地，封闭多年的敦化路、连云港路恢复通行，荣获"中国最具活力中央商务区"称号；新都心凯德广场、浮山商贸区居然之家等商业综合体建成开业，周边区域商业配套和服务功能进一步完善，沿地铁商业黄金连廊全面崛起；青岛科技街列入"国家自主创新示范区"范围，青岛啤酒文化休闲商务区与中粮置地签署战略合作协议，海尔智能产业园投入使用。最让人瞩目的是总投资过千亿的青岛国际邮轮港开发建设上升为全市战略，邮轮港管理局正式成立，综合规划编制基本完成。[①]

　　（三）更加注重开发开放，全面提升产业聚集区承载力竞争力

　　进一步明确各类产业载体的功能定位，加快推进产业聚集区建设，促进产业集群发展、资源集约利用。小港湾蓝色经济产业基地立足构建区域布局合理、产业结构优化、生态环境良好的海洋经济强区，全力推动双塔楼改造和邮轮母港项目实现新突破，加快推进和黄商住项目建设。中央商务区围绕土地整理和出让、规划、建设三个重点环节，进一步提高建设效率，完成山东路小学

---

① 市北政务网. 政府工作报告（2017年2月23日在青岛市市北区第二届人民代表大会第一次会议上）[EB/OL]. http://shibei.qingdao.gov.cn/n4447/n1651931/n1652051/n2610129/n2967524/170228103647876070. html.

及周边片区、错埠岭小学片区等拆迁工作，实现诺德广场等6个项目主体封顶、卓越二期等12个项目开工建设。浮山商贸区围绕"一条商业大道、两个商贸中心、三个居民休闲中心"的建设思路，加快推进埠西城市综合体等4个项目开工建设，加快村改集体土地整合和开发利用，继续深化浮山香苑和山东旅游集散中心建设，推进成熟社区建设，努力打造充满生机的旅游休闲购物中心。榉林山外包产业基地以打造"省内一流、国内知名"服务外包集聚区为目标，结合实际做好规划方案完善报批工作，力争年内完成开发前期准备、启动拆迁工作，取得实质性进展。影视制作基地加大推进力度，年内确保正式投入运行。瞄准国际一流水平，高起点规划、高标准设计青岛啤酒文化休闲商务区，科学编制园区规划，研究确定改造模式，有序启动土地整理及拆迁，努力打造国际知名休闲商务区、国家级特色旅游社区和滨海都市时尚新天地。加大招商引资力度，坚持"优选外资、优择名企"的原则，继续强化定点招商、定位招商，不断创新招商模式，拓展招商渠道，促进招商引资向招商选资转变。着眼于创新利用外资方式，积极探索企业吸引国际产业基金、风险投资基金等利用外资的新途径，不断提高利用外资质量。

（四）更加注重扶优培强，全力推动民营经济发展壮大

突出抓好骨干企业和中小企业分层扶持工作，形成企业梯次发展新格局。全面落实鼓励民营企业上规模、上档次的政策措施，优化民营企业的发展环境，促进资金、技术、人才等生产要素向骨干企业倾斜、向优质企业集中，积极推动中小企业向"专、精、特、新"方向发展。重点培育海青机械、渤海科技、汇信科技、东软载波等一批重点骨干企业，努力形成一批具有核心竞争力和自主知识产权的骨干企业。大力实施品牌战略，加大对企业创建名牌的奖励力度，鼓励企业做精做强主业、做优做响品牌，形成了一批品牌企业和品牌产品。加快担保信息基地建设，切实发挥中小企业融资平台的作用，拓宽融资渠道，推动民营企业融资多元化发展。

发力民营板块，助力民企提质增量。2017年以来，市北区市场监管局坚持深化"放管服"改革，落实"先证后照"、"多证合一"，破除企业注册隐形行业壁垒，释放出了"民营国有一视同仁"的明确信号，全力服务民营经济提质增

量、加快发展。紧抓民营企业家队伍，多次通过座谈会、培训会和电话、微信群等线上线下交流方式，密切政企服务互动，着力构建"亲"、"清"型政企新关系。集中组织400户重点民营企业代表参加民营经济政策讲堂暨景气监测培训会，邀请市工商局、人民银行青岛中心支行、区统计局、区市场监管局有关专家和社会知名教授专题宣讲政策并赠书。截至上半年，市北区民营市场主体达12.8524万户，同比增长17.01%，占市场总量的98%，呈现出良好的繁荣发展态势，每万人拥有民营市场主体数达1186户，吸纳就业人数近30万，已成为市场经济发展的中坚力量。1~6月新登记民营市场主体13781户，较去年同期增长21.91%，民营创业潜力得以充分释放。①

三、经营城市与改造大环境相结合

城市环境质量和品位的形成，需要各方面的支撑，影响因素很多。不仅要强调人与城市空间的和谐，还要强调人与大环境、城市环境与自然环境的一致。为此，市北区不断强化城区精细化管理，提高发展承载力和完善城区功能。重点改造西部、提升中部、完善东部，迅速展开了新一轮的城区建设大会战。

（一）坚持规划引领，全力推进旧城改造

坚持"政府主导、市场运作、统一规划、成片改造"的原则，科学推进城区有序更新，努力完善城区功能。继续推进"四线多片"旧城改造，加快改造步伐，确保金坛路等5个住房建设项目年内竣工，徐家村等4个"两改"项目竣工回迁；始终坚持把城区规划作为城区建设和管理的龙头，综合考虑市北的历史文脉、环境资源，全力推进吉林路、泰山路等13个重点旧城改造项目开工；启动广饶路两侧等11个旧城改造项目拆迁工作；完成新疆路、徐家村、海泊河遗留片等5个项目的拆迁收尾工作；大港纬四路东侧、东安路、大港纬四路等项目房屋征收顺利启动；加快推进上海路、德平路等13个旧城改造项目的前期工作，努力实现"竣工一批、回迁一批、开工一批、拆迁一批、储备一批、配建

① 市北政务网. 市北发力民营板块，助力民企提质增量［EB/OL］. http://shibei.qingdao.gov.cn/n4447/n1651931/n2351472/n2612042/n2612052/170822160332833201.html.

一批"的目标。

（二）坚持精细管理，营造宜居宜商环境

按照"建管并重、重在管理"的方针，强化城区精细化管理，进一步深化大城管体制，拓展管理途径，建立完善"事前先管、事中严管、全程监督"的长效管理机制；突出开展道路分级达标、楼院综合整治和临商市场管理，提升城市管理精细化、网格化、数字化水平。加强城区基础设施建设，积极协调市有关职能部门，大幅提高中西部老城区集中供热率。以全市"视觉污染"整治集中行动为契机，加大对市容环境秩序、占路经营、违法建筑等城市管理重点难点问题的专项整治力度。深化"畅通市北"工程，在交通组织、停车设施、过街设施等方面采取综合措施，逐步改善城区交通拥堵状况。深入推进"绿色青岛"建设，实施城区精品绿化工程，突出做好浮山生态公园、榉林山公园、海泊河两岸景观、重点商圈节点绿化，不断提升城区生态环境水平。

（三）坚持突出特色，提高城区品质

要按照打造"精品市北"要求，全面提升特色商业街的软硬件环境，使街区设施和街区品牌相配套、街区管理和服务品牌相适应，努力形成高中低品牌多层次共存、游购娱多功能共享、大中小多类型企业共驻的商业布局。发挥重点街区的龙头带动作用，结合城区规划、重点工程和"两改"项目建设，进一步拓展特色街区规模，优化特色街区环境，升级经营档次，更好地实现社会效益和经济效益的有机统一。

深入推进"洁净市北"建设，启动品质提升三年行动计划，城区环境"一步一个脚印"持续优化。积极探索腾空房屋土地处置利用新模式，引入产业项目、打造绿化景观、建设停车场地、增配公共设施，城区功能品质不断完善。全面提高环卫保洁标准，对山东路等4条道路实施深度保洁，新增各类环卫机械车辆500余部，主干路机扫率、冲洗率均达100%。大力实施"四大提升"工程，完成15处山头公园整治，打造大型街头绿化景观12处，增植景观树种4万余株、道路绿篱2万余米，全年绿化提升总面积30万 m^2；多方挖潜，新增停车泊位5000余个，硬化整修街巷甬道197处，综合整治超期服役道路208条，对部分小区实施微循环改造，居民出行更加方便；全面实施综合行政执法体制改革，拆除违法建设15万m²、各类户外广告1万m²，市容秩序管控成效明显。深入推进"四大改善"工程，高标准整治老旧楼院370个，实施外墙保温节能改造150万m²，新增供热面积387万m²，完成450余处楼院10万米雨污水管线维修改造，为全区开放式楼院免费安装防盗门7700个，居民生活环境得到有力改善。[①]

第三节　城市治理阶段的城区治理

党的十八届三中全会通过的《中共中央关于全面深化改革若干重大问题的决定》（以下简称《决定》）明确指出："全面深化改革的总目标是完善和发展中国特色社会主义制度，推进国家治理体系和治理能力现代化"。习近平同志在2014年初春省部级主要领导干部学习贯彻十八届三中全会精神全面深化改革专题研讨班开班式上指出："党的十八届三中全会提出的全面深化改革的总目标，就是完善和发展中国特色社会主义制度、推进国家治理体系和治理能力现代化"，"国家治理体系和治理能力是一个国家的制度和制度执行能力的集中体现，两者相辅相成"。推进国家治理体系和治理能力现代化，落实到城市体制上，就是要实现"城市管理"向"城市治理"的伟大跨越。

中共十一届青岛市委第五次全委会通过的《中共青岛市委关于贯彻落实党的十八届三中全会精神的意见》明确提出：在率先全面深化改革中，使"城市治理体系和治理能力现代化水平大幅提升"。健全的治理体系、高超的治理能力，是国家有序运行和健康发展的基本条件，也是人民安居乐业、社会安定有序、国家长治久安的重要保障；是决定实现"两个一百年"目标、实现中华民

---

① 市北政务网. 政府工作报告（2017年2月23日在青岛市市北区第二届人民代表大会第一次会议上）［EB/OL］. http://shibei.qingdao.gov.cn/n4447/n1651931/n1652051/n2610129/n2967524/170228103647876070. html.

族伟大复兴的关键。2014年1月11日，在市北区第一届人民代表大会第三次会议上提出提升社会治理水平。创新社会治理体系，更加注重社会治理的整体性、系统性、协调性。认真组织实施"六五"普法规划，规范行政执法行为，提高社会治理法治化水平。注重发挥社区在社会治理中的基础作用，切实做好社区"两委"换届选举工作，争创"全国和谐社区建设示范城区"。近几年来，面对持续加大的经济下行压力和艰巨繁重的改革发展任务，市北区委、区政府始终牢固树立主城中心区意识，持续对标杭州下城、深圳福田等先进城区，抓好创新、改革、开放三大"动力源"，以更高的定位、更宽的视野谋划新一轮发展。把创新贯穿于经济社会发展全过程，打破思维定式，反转传统观念，不断提高引领科学发展的能力；加强政策扶持和宣传引导，努力营造大众创业、万众创新的浓厚氛围；鼓励基层探索创新、先行先试，充分发挥街道、社区在社会治理和公共服务中的作用。把深化改革作为破解发展瓶颈的突破口，重点抓好行政管理体制改革，持续推进简政放权、优化服务，进一步激发经济社会发展活力；全面实施综合执法改革，加快执法重心和执法力量下移，提高依法治区水平；深化投融资体制改革，在基础设施、公用事业等领域推广政府和社会资本合作模式。把扩大开放作为保增长的强大动力，积极有效引进境外资金和先进技术，鼓励条件成熟企业加快"走出去"步伐，发展跨境电子商务等新型贸易方式，推动外贸向优质优价、优进优出转变，抢占新一轮开放经济制高点。

一、以制度化、规范化、程序化为主要抓手

城市体制改革要遵循经济社会发展规律，结合国情、域情、市情，在充分调查研究的基础上，通过制度化模式全面推进改革。城市治理体系和治理能力现代化必须坚定不移地坚持规范化的操作实践，任何的改革方案和具体的改革措施，都要进行有法律、法规、政纪、政规和党纪、党规依据的操作，使改革过程不留任何后遗症，使改革结果人民满意，使改革政绩惠及全体市民；要实行科学的顶层设计和"摸着石头过河"紧密结合的实践路线图，以从根本上杜绝一放就乱、一统就死现象的发生；要对需要探索的改革方案，在先进行试点、

取得共识，积累和形成经验后，依据规范化原则，逐步实施。

近年来市北区毫不动摇地坚持程序化的工作原则，对党和国家已经明确进行的改革工作部署，认真贯彻落实；对在现有认识水平下还吃不准的城市具体的改革方案，坚持国家利益和人民利益至高无上的理念，坚持广泛听取社会方方面面意见的工作方法，保证实现提升城市治理体系和治理能力现代化水平的制度化和规范化。

二、现代城市治理体系的核心理念是以民为本，民生优先

现代化城市需要让生活更美好，让市民更幸福。市北区推进城市治理体系和治理能力现代化，始终坚持"发展为民、发展惠民"的思想，聚焦民生热点难点和公共服务薄弱环节，在补齐短板上精准发力，让全体市民发挥多方参与、共同治理的积极性、主动性、创造性，让改革发展成果更多、更公平地惠及人民群众。

（一）社会治理"网格化"

按照"条块联动、属地为主、分级管理、责任到人"的原则，打造社会综合治理网格化信息管理平台，统筹经济发展、城市管理、安全生产、社会治安等领域公共管理资源，构建"区—街（部门）—网格"三级联动的社会综合治理体系。2017年年内完成网格化管理信息系统开发，科学合理划分网格，完善信息收集、指挥调度、问题处置、监督考核等工作机制，强化与政务热线12345、110等平台的互联互通，确保网格内的各类问题有人负责、及时处理，实现"责任不出格、管理无缝隙"。

（二）救助保障"精准化"

搭建阳光救助平台，力促救助服务及时、精准、透明，形成全区社会救助"一盘棋"。推行家庭综合险、电梯责任险、巨灾综合责任险等社会保险服务，为贫困育龄妇女及新生儿提供项目筛查，为计划生育特殊家庭人员免费查体，让市北居民拥有更有保障的生活。千方百计扩大就业，建设我区首个市级综合性创业孵化园。加大养老服务扶持力度，深化"市北e家"养老院建设，搭建老

年人居家智慧医疗平台，设立免费呼叫中心，不断探索居家照料难题解决新路径。积极开展扶残助残五项工程，搭建市北区残疾人"e"家亲综合服务网络平台，不断满足个性化服务需求。

（三）公共服务"均等化"

加强基层基础建设，制定社区服务管理标准，严格落实社区工作准入制度，夯实社区自治职能。新建21处社区服务中心，实现社区服务用房全面达标。加大公益创投力度，扶持实施公益创投服务项目，做响"公益月"活动品牌。加快文化设施建设，新建区级文化展示中心，打造贝林自然博物馆、汉画像砖艺术展览馆、海尔文化展示中心。深入落实全民健身战略，普及推广校园足球和游泳运动，打造上百个全民健身辅导站点。实施街道计生卫生一体化服务模式，打造区公共卫生服务信息平台，争创国家级卫生应急综合示范区。坚持计划生育基本国策，依法组织实施全面两孩政策。不断提高国防教育、民兵预备役、民族宗教、妇女儿童、人防、双拥、对台、侨务、老龄、红十字等各项事业工作水平，推动经济社会协调发展。

（四）安全监管"无缝隙"

加强社会治安综合治理，建立违法犯罪线索有奖举报制度，新增治安视频监控点位1000余个，为全区没有单元防盗门的楼座安装防盗门。全力做好信访积案化解，启用区人民来访接待中心，完善联合接访工作机制，引导群众依法表达诉求、解决纠纷。深化"法律五进"活动，发挥金牌调解顾问团作用，打造具有市北特色的人民调解工作品牌。全面落实安全生产党政同责、一岗双责、失职追责制度和属地化监管，建立危化品及油气管线风险源管理系统，加强对电梯等特种设备安全风险监控，深化火灾隐患排查治理，坚决防范和遏制重特大安全事故发生。扎实推进消费市场秩序专项整治行动，在全市率先建立经营者信用二维码扫描查询系统，以零容忍的态度打击各类侵害消费者权益行为。进一步加强应急体系建设，完善舆情处置机制，营造稳定、健康、积极的舆情环境。

（五）政务服务"一站式"

启用新的政务服务大厅，整合行政审批、公共服务、公共资源交易等职能，为居民和企业提供便捷高效的"一站式"公共服务。编制审批服务指南，简化办事环节，细化工作流程，限制自由裁量权，实现审批流程透明化、审批行为规范化。加快推进"互联网+政务服务"，强化部门协同，推动信息互联互通、开放共享，全面实现行政审批及相关服务事项网上办理。建立完善区、街、居三级政务服务体系，加快社区自助服务终端建设，做到"企业的事政务大厅集中办、百姓的事街道社区就近办、网上能办的事全部网上办"。

三、强化服务型政府建设，完善城市公共服务体系

（一）依法行政，努力建设法治型政府

坚持以法治思维和法治方式推动发展、解决问题、维护稳定。严格落实权力清单、责任清单，做到法无授权不可为、法定职责必须为。全面推行法律顾问制度，加强重大行政决策合法性审查，不断提升政府工作规范化水平。深化行政权力公开透明运行，着力推进政府信息公开，保障群众知情权、参与权、表达权和监督权。深入推进综合行政执法体制改革，探索组建区街两级综合执法平台，逐步建立权责统一、权威高效的行政执法体制。

（二）为民执政，努力建设服务型政府

坚持企业诉求、居民需求和政府决策相结合，依托政务服务热线建立问题数据库，实施"补短板"行动计划，集中时间、集中力量解决辖区居民、市场主体的所需所盼。充分发挥行风在线等互动平台作用，主动接受舆论监督和公众监督。继续深化行政审批制度改革，简化办事程序，提高行政效率和服务质量。积极做好为企业服务工作，提高企业投资信心，帮助企业做大做强。认真办理人大代表建议和政协提案，自觉接受区人大及其常委会的法律监督、区政协的民主监督。

（三）高效理政，努力建设务实型政府

强化求真务实、敢于担当的精神，办实事、求实效。完善重点工作、重点项目管理平台，落实首问负责、限时办结等制度，形成"事有专管之人、人有明确之责、责有限定之期"的落实体系。整合政府资源，创新工作机制，探索

搭建科技创新、招商引资、民生保障服务等"九大平台"，构建"小网格、大服务、高效率"的新型网格化管理模式，进一步促进政府工作职能融合、互联互通、扁平管理、协作顺畅。注重引入外智，与青岛理工大学、青岛科技大学合作共建城市发展研究院，为区域发展提供政策和理论支撑。

（四）从严治政，努力建设廉洁型政府

全面落实党风廉政建设"两个责任"和领导班子成员"一岗双责"，严厉查处发生在群众身边的"四风"和腐败问题，健全改进作风长效机制。建立完善最严格的行政人员责任追究制度，不断提高业务素质和履职能力。加大行政监察、审计监督和财政监管力度，严格执行年度预算、工程招投标、会计集中核算和国库集中支付等制度，强化国有资产管理，坚决纠正部门和行业不正之风，努力建设一支公道正派、廉洁自律的公务员队伍。

第三章

青岛市市北区城市治理的
实践探索

市北区是青岛市主城区之一。西部濒临胶州湾，东部与崂山区为邻，北部与李沧区接壤，南部与市南区毗连。区政府位于青岛市延吉路80号，距青岛市政府3km。在全面深化改革的新形势下，城市治理领域面临前所未有的机遇和挑战，市北区党委政府顺应形势变化，深化城市治理治理体制改革，在促进不同城市治理主体合作治理方面采取了大量切实有效的措施，多元共治的合作治理格局正在建立和完善。政府部门增强了社会治理和公共服务职能，主导作用进一步显现。各类市场组织作为城市治理的重要主体，承担了越来越多的城市治理责任。社会组织作为城市治理的重要载体，协同治理能力不断增强。

第一节　充分发挥党委领导作用

一、党委领导：发挥党委在城市治理体系中的领导作用

从世界范围来看，执政党的城市治理主要通过两种方式来实现：一种是组阁途径，由执政党所组成的政府为主导对社会公共事务进行管理，即政府的城市治理；另一种是规范约束的途径，通过把执政党的方针政策转化为国家的法律法规，鼓励社会自我发展和自我管理。[①]我国特有的历史发展道路决定了共产党的领导核心地位，由政党动员社会，建设现代化国家是中国走向现代化的基本道路。对于像我国这样的后发现代化国家而言，政党在政治秩序构建和社会团结生成上起到了不可替代的关键作用。强大的政党不仅是中国实现现代化的关键，而且是中国进行城市治理和实现社会安定有序的保证。

（一）中国共产党在城市治理体系中的定位

党是社会的领导者和人民利益的代表者，而领导者和代表者又不能等同于

---

① 吴新叶. 党对非政府组织的领导——以执政党的社会管理为视角［J］. 政治学研究，2008（2）.

包办者和代替者。中国发展的经验表明，只有政党与社会的关系理顺了，执政党在城市治理中的领导就会更有效，不然会出现一定程度的冲突和对立。党组织作为领导核心，其角色主要定位于四个方面：一是城市治理的领导者，党组织是城市治理活动的领导核心，不同类型和层次的城市治理主体在党组织领导下成为一个有机整体；二是城市治理的协调者，党组织要协调党与社会的关系，通过党委的领导工作、执政活动及对社会的服务与关怀，采用教育引导、协调各方关系等方式，践行群众路线，帮助群众解决问题、化解矛盾；三是城市治理的保障者，一方面针对我国城市治理中存在的"多头管理"、"无主管部门管理"、"无具体制度管理"、"有制度而无办法管理"等现象，党组织发挥"查漏补缺"的政治弹性作用，构建"当政府与社会组织缺位时，党组织自动补位"的城市治理模式，另一方面要从整体上保障社会稳定；四是城市治理中的激励者，执政党通过发挥各级党组织的凝聚力和强大的组织动员能力，可以激发社会活力，释放社会自身的发展潜力，推动城市治理体制创新。

（二）中国共产党在城市治理体系中的重要职能

党的领导是一种思想、政治和组织领导，即党委向政府机关提出立法建议及大政方针、推荐重要干部人选、搞好思想宣传工作、充分发挥组织及党员的积极作用进行领导，而不是由各级党委对国家和社会的各项具体活动进行大包大揽甚至取而代之。党组织的作用主要体现在如下几个方面：一是把握城市治理总体发展方向，引领社会和谐有序发展。各级党组织遵循中国特色社会主义事业发展规律，按照"总揽全局、协调各方"的原则加强对社会发展全局的宏观调控，统筹协调各种社会关系，有效防止社会发展失衡。通过制定相关路线、方针、政策最大限度地实现社会公平、依法保障各类社会主体的合法权益、保障社会的整体协调有序发展。通过党组织的沟通功能优化党与社会的关系，促进城市治理、维系社会秩序。二是通过利益表达和利益协调功能，有效发挥社会整合作用。社会转型伴随着社会阶层分化和价值取向多元化，引起利益结构失衡和利益冲突加剧。政党可以反映和代表不同阶层、不同群体的利益诉求，在我国，中国共产党的党组织是不同利益群体最有力的表达者、协调者和整合者。执政的中国共产党通过建立多元民主的社会整合方式和整合机制，协调不同群体和组织之间的利益关系，化解因为对有限社会资源竞争而引起的利益矛盾和社会冲突，妥善处理人民内部矛盾，维护社会和谐稳定。三是发挥党的组织动员能力，有效整合城市治理资源。完备的组织系统是执政党组织和动员社会的重要载体和组织保证。中国共产党对社会的领导主要是通过庞大而系统的党组织网络和广大党员来实现的，作为执政党的中国共产党与其他社会组织相比具有"横向到边、纵向到底"的特点。党组织客观上渗透于各级各类社会组织当中，对各类城市治理资源具有较强的整合能力。党的群众工作与社会工作具有互补性，党组织具有较强的组织动员经验和优势，可以通过系统性的组织体系，以400多万基层党组织的数量优势和8000多万党员的先锋模范作用把广大人民群众和社会组织吸引到党组织周围，从而更好地凝聚社会力量，推动城市治理体制创新。四是政策供给和人才支持作用。"政党是把大众的偏好转变为公共政策的基本公共机构。"①执政的中国共产党通过利益整合功能将民众的意见和需求变为党的政策主张，通过相应的法律程序转变为国家意志贯彻实施。在中国，执政的中国共产党是政治体系框架中的领导核心，城市治理及社会政策的方向和阶段性目标由党组织来把握，执政党要根据社会形势变化对城市治理领域相关政策做出调整，在政策供给方面做到与时俱进。政党还具有举荐和录用各类社会精英的功能。十八大报告再次提出要坚持党管人才原则，把各方面优秀人才集聚到党和国家事业中来。中国共产党党内集中了大批城市治理方面的各类人才，党组织通过其掌握的丰富的人力资源可以为社会合作治理体系建构提供有力保障。

　　党的十八大报告中明确指出"创新基层党建工作，夯实党执政的组织基础"，区域化党建是在一定的地域范围之内，通盘设置基层党的组织，统筹使用党建阵地，统一管理党员队伍，构建以街道党工委作为核心、以社区党组织作为基础、各类基层党组织作为结点的网络化体系。近年来，随着市北区城市化快速推进和经济迅速发展，各种资源迅速向城市聚集，"两新组织"大量涌现，基层党建工作面临责任主体不明晰、街道社区党组织资源不足、力量薄弱等状

---

① ［意］乔万尼·萨托利. 政党与政党体制［M］. 北京：商务印书馆，2006.

况。市北区针对区域内不同行政机构、各类企事业单位、新经济组织及社会组织资源相互分割、管理相对独立的特点，拟定了用党建推进城市治理体制创新的办法，建立以街道党工委为核心、以区域内党组织为基础，区域内全体党员、各类组织、居民群众共同参与，区域统筹、条块结合、资源共享、优势互补、共驻共建的区域化基层组织管理体制，以此来提高基层党组织领导社会服务管理工作的能力和水平，利用区域化党建的政治优势和组织优势为城市治理创新提供坚强的组织保障。

二、以区域化党建推进城市治理体制创新

（一）区域化党建的组织体系

市北区区域化党建突破了原来行业、单位和领域的界限，在一定区域内将社区、企业、社会组织、学校、机关最大限度纳入区域化党建范围，构建全覆盖、广吸纳、开放式的基层党建工作新格局。按照有利于资源共享、集约服务的原则，市北区在集中居住区、产业集聚园区、商贸集中区，以及条件成熟的其他区域，建立了区域化党委。区域化党委在街道党工委领导下开展工作，领导班子一般由5～7人组成，实行"大党委制"。根据工作实际需要，区域化党委书记可选配副局级干部担任，党委成员从区域内机关企事业单位党组织负责人中推荐选举产生，参与本区域内群众性、社会性、公益性重大事务的决策，由街道党工委任命。目前，市北区在全区19个街道规划设立区域化党委，实行"兼职委员"制度。"兼职委员"主要在本辖区内具有一定影响力的党员中产生，其来源范围涵盖了社区居民、党政机关、社区民警、辖区企业、流动人员等不同群体。

（二）区域化党建的运行机制

一是通过党建联席会构建区域化党建联动机制，通过联席会议制度建立街道、社区、企业及相关党组织的沟通平台，加强沟通协调和经验交流，街道和驻街单位做到重大决策及时向对方通报，党员服务场所相互开放，建立驻区单位和流动人口参与城市建设、融入城市党建、共享城市文明的活动平台，改善

了社区党委班子素质不优、结构单一、协调发展能力弱、代表面窄等问题。二是建立共驻共建合作机制。区域化党委每年年初在与本区域内单位协商对接的基础上，制定年度共驻共建工作目标，把对口帮扶、文明创建等工作列为共建项目。区域内各单位的兼职委员在参加本区域公共事务决策以外，还积极引导本单位党员发挥自身优势参与区域建设，增强区域认同感，盘活区域内各种资源，落实需要由本单位完成的各项工作任务。施行区域化党建以来，驻区单位为社区投入物资、资金累计300余万元，无偿提供活动场地1600次，联合开发服务项目30余个，开展各类专项咨询服务活动450余场次，服务社区群众近1.5万人次。三是建立动态评议监督机制。区域化党委要定期向街道党工委述职，定期在党建联席会通报工作情况、接受民主评议。积极吸纳党代表、人大代表、政协委员、驻区域单位代表及社区党员群众代表担任监督员，对区域化党委工作完成情况、驻区域单位党组织共驻共建情况、在册在职党员社区表现情况等进行监督测评，监督测评结果向驻区域单位党组织及其上级党组织、在职党员所在党组织反馈。

（三）区域化党建的服务体系

按照每个区域建立一处综合服务中心的要求，市北区以新建、扩建和改建等形式，整合区域内综合办公、便民服务、党组织活动、公共活动等场所，集中财力、优化资源配置，建成集党员服务和便民服务于一体的综合性区域公共服务中心，把原来由街道、社区及辖区各类单位所承担的公共服务职能逐步划归中心，实行"一揽子"办理、"一站式"服务。片区"大党委"由街道党工委副书记任片区书记，吸纳片区内社区、事业单位党支部书记和企业党委参加，实现了"组织扩容"。市北区认真落实在职党员到居住地报到制度，形成"活动在区域，关系在单位，奉献双岗位"的党员管理教育模式。引导社区党员参与到社区服务之中，建立以"义工制"为核心的社区党员志愿者队伍，使社区变为党员联系群众、服务群众的"大舞台"。市北区成立各类党员义工服务队100多支，登记社区党员义工已超过3000人，在安老扶幼、助残济困、保护环境、公益服务、法律援助以及其他社会公益性活动中发挥着越来越重要的作用。

（四）区域化党建的保障体系

一是人员保障。选优配强区域化党委、区域议事决策委员会、区域公共服务中心工作人员队伍，健全面向社会公开招考、招聘专职工作人员制度。区域化党委、区域议事决策委员会及区域公共服务中心一般配备专职工作人员7～10人，根据需要也可以调整借调街道或社区有关工作人员。二是资金保障。进一步加大区域化党建经费投入，按照区域化党委每年要高于10万元、区域化党委成员每年要高于3万元、区域化党委党员每年要高于200元的指标，由街道财政承担相关党建工作经费，保证区域化党委活动、办公经费等必要支出。积极争取区域内各有关单位支持本区域建设，逐步形成以财政投入为主、社会支持为补充的多元化经费保障体系。三是场所保障。将区域化党委活动场所和区域服务设施建设纳入城市发展、土地利用等专项规划，采取新建、购买、租赁、调剂置换等方式统筹加以解决。

（五）启示与思考

构建区域化党建格局的理念最早由李源潮同志在2009年提出，近五年来全国各地掀起了区域化党建的浪潮，出现了多种多样的实践形式。区域化党建被视为对传统单位制党建的替代和补充，是中国共产党"政党适应性"的表现。市北区区域化党建顺应了这一时代发展要求，对加强和改善城市治理体制中的"党委领导"具有重要推动作用。区域化党建与创新城市治理的内在要求是高度一致的，它的区域性、统筹性、开放性特征及其所遵循的多元、开放和服务的原则与城市治理强调的合作、互动、协商原则相契合，在党建领域体现了城市治理的发展趋势。区域化党建对于创新城市治理体制具有重要推动作用：首先，区域化党建为创新城市治理提供了组织保障。市北区以党建联席会为媒介，把区域内组织结构松散、掌握不同资源、隶属不同系统的党组织整合为"党建工作联合体"，在体制上突破了以往基层党建以"纵向控制"为特征的"单位制党建模式"。不同类型党组织围绕"共同利益、共同目标、共同需求"，通过建立共建共享的长效机制，经由区域化党委这一媒介在广泛联系中实现积极而有效的组织整合，形成具有多元化特征的党建工作体系，从而为多元主体共同参与城市治理提供了组织保障。其次，区域化党建模式通过提升组织功能为城市治理体制创新创造了条件。区域化党建模式强调区域性党组织的主体地位，进一步强化了党的社会功能，充分发挥执政党的社会属性。最后，区域化党建模式通过基层党组织流程再造拓展了党的组织功能。通过区域化党建和综合服务中心建设，市北区把原先只针对单位或社区的服务扩展到整个区域，通过统筹区域内优质公共服务资源，强化了党组织的内在服务职能。

市北区推进区域化党建是改进党的领导方式、提高执政能力的有益尝试，下一步要更加贴近社会、基层的变革和需求，推动区域化党建向纵深方向发展。为此，一要进一步提高区域党组织的整合能力，构建系统的利益表达和利益综合机制。区域化党组织要进一步增强自身的统筹能力及代表性，通过上下级党组织间的沟通协调和综合，将群众日益多样化的利益诉求转变成反映和兼顾不同阶层要求和利益的公共政策，进而实现对社会的有机整合。二要提高区域党组织的吸纳能力。在社会日益多元化和复杂化的形势下，区域党组织要善于吸纳各阶层精英入党，尤其是要吸纳现代化进程中的新社会阶层、底层社会中的草根精英及其他社会群体精英入党，以此来增强党组织对社会的凝聚力和影响力，为党的合法性拓展增加新的政治资源。三要进一步提高区域党组织的引导能力。区域化党组织要利用自身影响力把不同社会主体聚合在一起，充当社会互动的枢纽。尊重并支持其他社会主体按照其自身逻辑和规律发展，不能以政党逻辑强行要求、控制其他社会主体，而要形成社会力量与政党力量的互动机制，增强执政党的社会凝聚力和社会认同度。积极构建党组织与其他社会主体之间进行沟通协商与互动合作的平台，吸纳各种社会主体参与决策，通过相互合作构建充满生机和活力的社会秩序。四要进一步提高区域党组织的服务能力。创新城市治理要求强化区域党组织的服务功能，弱化行政功能，实现从管理到服务的转型。要以区域服务中心为依托，汇聚区域内社会性、行政性和党务性资源，依靠各类党组织的组织体系和服务载体开展分类分层服务，用服务来赢得民心，增强公众认同感，巩固执政基础。

第二节　充分发挥政府主导作用

一、政府负责：发挥政府在城市治理体系中的主导作用

恩格斯在《反杜林论》中指出，"一切政治权力起先总是以某种经济的、社会的职能为基础的。"[①]2003年十六届三中全会明确把社会管理列为政府的主要职能之一。防范和治理社会问题，确保社会安全和协调发展已经成为我国政府在新时期的战略选择。改革开放以来我国政府实现了两次转型：第一次是从20世纪70年代末到十五大，主要实现从政治主导型政府向经济建设型政府转型。第二次转型从十六大以来，尤其是十六届五中全会之后，主要实现从经济建设型政府向公共服务型政府转型。目前我国政府仍处于第二次转型过程之中，通过政府转型更好地实现城市治理职能，进而实现城市治理体制优化是我国的必然选择。

（一）政府在城市治理体系中的定位

城市治理就是要通过消除经济持续发展和社会稳定的体制机制障碍，来建立一种良性社会运行体制，在保持经济稳定增长的同时采取合理措施、运用必要的手段调节社会矛盾、缓和社会冲突，以此来协调经济发展与社会发展之间的关系，加快社会发展、促进社会公正、增进社会和谐。这一切显然无法在政府缺场的条件下实现，这是当下中国强化政府城市治理职能、提高政府城市治理能力的现实依据，也是全面建成小康社会，实现中华民族伟大复兴的需要。[②]我国正处于现代化过程中的国情、历史形成的政府强势地位及居民对政府的依赖性都决定了我国城市治理中政府的主导地位。在我国城市治理体系之中，政

---

① 马克思，恩格斯. 马克思恩格斯全集：第20卷［M］. 北京：人民出版社，1971：198-199.

② 张贤明. 强化政府社会管理职能的基本依据、观念定位与路径选择［J］. 行政论坛，2012（4）.

府不但拥有行政权力、掌握社会资源，而且是社会公共产品和公共服务的主要提供者，在城市治理体系中居于直接负责的主导地位。这里所说的政府，是指广义上的政府，包括立法、行政、司法等机构。政府负责，就是政府负有主导城市治理的责任，其职责就是提供更多更好的公共服务，努力使政府及其各职能部门的城市治理活动更加协调有效。政府在城市治理体制中的主导作用，主要体现在依据党所制定的基本路线、方针、政策，维护社会公平公正，协调社会各方面利益关系，完善城市治理体系，保持良好的经济社会秩序，维护社会和谐稳定，促进经济社会协调发展。

（二）政府在城市治理体系中的重要职能

政府在城市治理中的主导作用主要体现在四个方面：第一，制定城市治理体制改革和创新规划。国民经济和社会发展规划是国家加强和改善宏观调控的重要形式，也是政府进行市场监管、经济调节、公共服务和城市治理的重要指南。城市治理宏观规划由执政党提出建议，由政府负责并召集社会组织和公众等各个方面共同商讨、研究后，再由政府制定和颁布实施，其他任何组织都无法替代政府的该项职能。第二，保证城市治理的财力投入。坚持政府在城市治理体系中的主导作用，要求政府保证城市治理的财力投入。政府的财政投入主要是公共财政在城市治理领域的支出。政府财力投入的实质是社会资源的配置和利用问题，所有重视社会发展的国家都会在公共财政中把社会发展置于重要位置。第三，制定和完善城市治理的法律、法规和政策。坚持政府在城市治理体制中的主导作用要求政府制定并不断完善城市治理的相关法律、法规，在制度上为城市治理提供保障。政府还要对城市治理实施进行法律、行政和司法等方面的检查和监督，使城市治理活动得以顺利进行。第四，培育发展各类社会组织，引导公民有序参与城市治理。在创新城市治理体制的新形势下，政府要大力支持各类社会组织发展、引导公民有序参与，实现政府治理与社会的自我调节、居民自治之间的良性互动。

习近平总书记指出，"城市治理的重心必须落到城乡社区，社区服务和管理能力强，城市治理的基础就实"。"要尽可能把资源、服务、管理放到基层"。区域发展的根基在基层，基础不牢则地动山摇，牢固的基层基础对区域经济社会发展的重要性不言而喻。市北区为加强基层基础建设工作，在青岛市最先实施了"重心下移、固本强基"行动，为创新城市治理体制、开展基层基础建设闯出了一条新路。

二、推进基层城市治理体制创新

作为全省经济社会发达地区的青岛市市北区从2008年起启动了"政府管理重心下移、强化基层社会管理"的改革步伐：一是实行属地管理，由以前的政府职能部门对城市管理负全责转向现在的街道办事处负责制；二是建设社区工作站，实现政府管理"横到边、竖到底"；三是强力推进基层社区"三个中心"建设，夯实基层阵地。这三项措施是对城市治理体制改革的重要探索，其资金投入力度之大、工作推进速度之快、人员配置程度之高全国罕见，优化了当前城市基层组织架构和城市治理体制。

（一）基层政府下放城市治理权，强化街道办事处职能

形成于计划经济体制下的城市治理结构最大的弊端在于"条块"职能的倒置：社会事务的多元化和复杂化使以政府职能部门负全责的"条条"管理无力实现管理的精细化和全覆盖，与此同时，身处一线的街道办事处却没有充分的管理权。有关职能部门"管得着的看不见"，街道办事处却"看得见的管不着"，这种社会管理体制已无法适应当下经济社会发展需要和城市居民需求。在这种背景下，市北区基层组织结构变革的第一步就是明确并强化街道办事处在城市治理中的主体地位。2008年，市北区政府按照"守土有责、属地管理、权责一致、重心下移"原则将城区建设管理、财政支付预算、经济发展与服务等职能由市北区直属职能部门下放到街道办事处，城市治理实现了由"条条"为主转向"块块"为主的结构性调整。进一步理顺街道办事处与政府机构内各部门之间的关系，建立层级清晰、主体明确的责任体系。"块块管理"带来的直接变化就是城市管理变为"看得见就管得着"，面对像乱搭乱建、乱堆乱放、乱拉乱挂、乱停乱放、乱贴乱画等城市管理难题，以前多家部门"群龙治水"，责任主体不明，管理久拖不决，而在职权下放办事处后，这一问题得到了很好的解决。

为了给办事处城市治理主体地位的确立提供制度性保证，市北区实行了人员力量全方位下沉战略。市北区政府机构改革为契机通过"上压下增、上减下压、上缩下扩"对全区公务员结构进行了大幅调整，减少区直机关编制并将名额全部增加给办事处，使机关人员结构由过去的"倒三角"结构转变为现在的"正三角"结构。另外，市北区还对下基层的干部进行了考核选拔，并规定以后的处级干部选拔需要有基层工作经验。通过两次调整改善了基层干部队伍结构，突破了基层干部人手不足、整体素质不高、年龄结构偏大的窘境。从更深层次看这种变化优化了全区干部运行机制，对保证城市治理工作重心下移具有深远意义。

（二）设立社区工作站，优化基层城市治理体制

基层工作千头万绪，被喻为"上面千条线，下面一根针"，众多政府下派的公共服务事项和行政性事务常常使居委会应接不暇。作为群众自治组织的居委会承担了上百项行政性事务，一直被当作"小政府"，"种了街道的地，荒了社区自治的田"，基层社区长期以来一直存在自治组织错位、政府职能缺位等突出问题。设立社区工作站后问题迎刃而解，原先由居委会承担的上百项行政事务由政府专职人员负责承担，从而有效解决了职能不清、推诿扯皮的现象，与此同时，社区工作站站长因为身兼街道党工委成员，使街道与工作站的协调能力大大增强，因为工作站站长工作业绩直接与考核、升迁挂钩，社区工作成效有了较大保障。工作站的设立使居委会得到"解放"，以前作为群众自治组织的居委会大部分精力放在了完成政府下派的各项任务，社区工作站建立后居委会完成了由"政府之腿"到"居民之手"的转变。"腾出手"来的各个社区居委会先后成立了和谐楼院促进协会、和事佬协会、环境卫生监督队等十几个社区社会组织，"小事不出楼院片区，大事难事不出居委会"的良好局面已经初步形成。社区工作站的成立实现了城市治理和公共服务有专人负责、社区居民诉求有专人受理、社区自治管理进一步落实，有效促进了社区城市治理和公共服务的高效化和专业化。社区工作站和社区居委会互相协调、互相配合、互相支持，把政府的服务延伸到了居民身边，可以在第一时间了解和回应居民需求，工作效率大大提高。

（三）推进社区"三个中心"建设，为基层城市治理提供平台

在寸土寸金的市北区，部分社区服务用房狭小简陋。以前市北区平均每个社区不足100m²，而且大部分是租赁用房，有的甚至是违章建筑，给基层工作人员办公和居民办事带来了很大不便，成为制约基层社区工作的瓶颈问题。没有高标准的社区办公服务用房，为民服务举措难以有效落实。市北区意识到加强社区"三个中心"建设才是补齐基层组织薄弱这个"短板"最为有效的途径，为此市北区委区政府通过调研，在2009年底做出决策：在全区每个社区建设一处"管理中心、文化中心、医疗中心"。在社区"三个中心"建设中，市北区委、区政府确定的基本原则是所有社区都要建成一处，让周边居民都能够就近享受到均等化、高标准的社区服务。在建设过程中，市北区每建成一处"三个中心"，都会及时把房产纳入国有固定资产管理，任何部门及人员都不得挤占、挪用、随意变更房屋用途，"三个中心"内的所有固定资产也全部建立了专门的管理台账，防止资产流失，此外，市北区还安排了审计局、监察局、督查室、法制办等多个部门来监管"三个中心"建设，确保财政资金安全。通过广泛吸纳民意、集聚民智，"三个中心"建成后不断优化、提升空间利用率，逐步完善各项功能。组织开展丰富多彩的活动满足社区居民多层次、多样化和个性化需求，使"三个中心"真正成为百姓议事的平台、为民服务的平台、促进居民素质提升的平台和增进居民身心健康的平台。

（四）思考与启示

市北区通过政府的强力行政推动，大刀阔斧地推动基层城市治理体制创新。通过赋予街道办事处更大的管辖权和人事权扩充了街道一级的城市治理力量。设立社区工作站体现了政府试图将行政事务和社区自治事务分离，既延伸政府的行政权力、又培育基层居民自治力量的努力。社区"三个中心"建设则更为突出地体现出政府在基层城市治理和公共服务中的主导作用。我国的基层治理一直存在"行政化"和"自治化"两种理论取向，行政化导向主张政府建立"横向到边、纵向到底"的基层社会管理体制，而自治化导向则主张社区居民通过自己选举产生自治组织来管理社区事务。市北区基层治理模式体现出将行政性和自治性相结合的理念，探索实现行政管理职能和社区自治职能的良性

互动。这一做法既为实现城市政府职能转变、为重塑政府的角色和功能提供了现实路径，也一定程度避免了政府职能下移导致的社区行政化倾向，为社区居民自治和社区社会组织发展留下了空间和机会。一方面，城市治理体制创新离不开政府的行政主导作用，政府的强力推动仍是城市治理体制创新的重要动力来源，另一方面，城市治理体制创新不但要求政府创新，更重要的是推动社会的自主治理创新，提高社会自我管理能力，实现政府和社会良性互动，这是城市治理体制创新的重要目标和今后的改革方向。

第三节　充分发挥社会协同作用

一、社会协同：发挥社会组织在城市治理体系中的协同作用

社会组织的作用被形象地比喻为社会交融的"黏合剂"、社会矛盾的"稀释剂"、社会冲突的"缓冲剂"、政府的"减肥剂"和市场的"增效剂"。支持社会组织参与公共服务和城市治理活动，利用其连接国家与社会的桥梁和纽带作用，合理搭建社会组织发挥作用的平台，有效对接城市治理需求与社会组织供给，更好地发挥社会组织反映利益诉求、提供公共服务、规范自身行为、扩大公众参与的作用是当前提高社会组织参与城市治理能力的重要任务。与政府组织相比，社会组织可以更好地关注少数人群和弱势群体的需要，提供某些更具技术性和专业性的公共服务。充分发挥社会组织的协同作用有助于党委政府从一些直接的、面对面的社会矛盾和纠纷的调解中解脱出来，致力于间接协调不同社会阶层和利益群体之间的关系，从而增强党委政府在城市治理中的领导和调控能力。

（一）社会组织在城市治理体系中的定位

现代城市治理既是政府依法对社会事务进行调节和规范的过程，也是社会

进行自我服务并依照法律和道德进行自我调节和规范的过程。许多社会问题的解决，都需要通过激发社会活力、挖掘社会中所蕴含的潜力去争取理想的效果。加强政府城市治理和培育社会组织，使其在政府主导下实现自我管理和自我服务是推进城市治理体系和治理能力现代化的内在需要。社会组织协同政府进行城市治理也是应对当下复杂城市治理局面的必然选择，面对大量社会性、公益性和事务性的城市治理任务，由政府来包揽管理则既管不了也管不好，如果发挥包括社会组织在内各方面社会力量的协同作用，发挥社会组织自治、自律、互律、他律的作用会收到更好的城市治理效果。从政府与社会的关系角度来看，社会组织是国家与社会沟通的桥梁和纽带，政府职能转移的承接者和促进者，承担着相应的城市治理职能，政府简政放权和职能转换后留下的权力真空需要社会组织来填补。社会组织是政府与社会之间的中介，在通过政府强制力来整合社会失效甚至破坏社会运行结构的情况下，通过社会组织的沟通和协调能够优化并重塑政府、社会、个体三者之间的关系，促进社会结构的稳定。与政府在城市治理中需要强制性调动和使用社会资源的方式不同，社会组织可以通过发起社会捐赠、组织志愿服务及吸纳政府资金等非强制方式动员社会资源进行城市治理。社会组织在参与城市治理的过程中促进了政府职能转变。政府在向社会放权过程中实现了管理体制和运行机制创新，强化了社会权力和自治权力，在重塑国家与社会权力关系中走向善治。

（二）社会组织在城市治理体系中的重要职能

社会组织在近几年不断发展壮大，几乎覆盖了城市治理领域的方方面面，在城市治理实践中发挥着越来越重要的作用，具体表现如下：一是社会组织可以反映居民意愿，促进社会融合，实现社会和谐。在反映和代表居民意愿方面，社会组织因其贴近基层、了解民情的特点，能在相互理解、相互信任、互相尊重和相互平等的基础上采用沟通、协商和疏导等方式来整合公共利益、集结公共意愿，为政府决策提供参考。城市化进程改变了传统城市空间结构，曾经的"熟人社会"被"陌生人社会"所取代。社会组织在促进社会融合方面起到了重要的纽带作用，拥有相同爱好的居民通过加入文体类社会组织可以在文体活动中从陌生人变为熟人和朋友；具有相同特征和需求的社区居民通过加入互益性社会组织可以在交流经验和互相帮助中实现共同进步；各种服务类、维权类、慈善救助类社会组织通过开展邻里互助活动、改善邻里关系可以促进社会和谐。[①]二是社会组织是社会问题的"减震器"与"安全阀"，可以调处社会矛盾、维护社会稳定。社会组织通过提供维权和社会服务可以满足社会成员的多样性社会需要和利益需求，实现释放社会压力和排解社会怨气的目的。社会组织中渗透的公益、互助、宽容和利他精神有助于增进社会弹性，减少公权力机关处理社会矛盾的粗糙性和刚性化，形成居民之间解决矛盾纠纷的协商机制，推进不同社会群体、社会阶层之间的共存和相容。通过社会组织参与活动可以减少恶性竞争、非理性的大众行为和其他过激行为。社会组织通过与企业和政府沟通、协商和谈判来寻求共同利益，可以有效缓公民、企业、政府之间的社会矛盾。

二、充分发挥社会各方协同作用的经验与做法

青岛市市北区是民政部公布的首批70个全国社会组织建设创新示范区之一。按照党中央关于创新城市治理体系的要求，该区结合实际，妥善处理政府和社会的关系，把社会组织的培育与管理纳入到整个治理体系之中；鼓励和支持社会组织参与社会事务和公共服务，对行业协会商会类、科技类、公益慈善类、城乡社区服务类社会组织进行重点培育，探索构建"政府引导、民间兴办、专业管理、民众受益、公众监督"的模式，社会呈现多元共治的发展前景。

（一）社会组织持续稳步发展

市北区不断建构社会组织培育与管理的立体服务模式，不仅社会组织的数量得到较快增长，而且门类日益齐全，结构日趋多元化，有效地弥补了政府公共服务的不足，较好地承载了政府职能转换的需求，使社会组织在法治社会建设中发挥了积极的作用。

---

① 金蕾. 社区社会组织在社会管理中的协同作用——以杭州市为例 [J]. 经济社会体制比较，2012（4）.

1. 社会组织的数量持续增长

近十年来，市北区的社会组织持续发展。据2009年7月统计，市北区的社会组织（含合并前的四方区）登记的为464个，其中社会团体为115个，民办非企业单位为349个；备案制社会组织376个，其中社会团体151个，民办非企业单位为225个。近五年来，市北区的社会组织仍然保持了较快的增长。截至2014年6月底，该区登记的社会组织为597个，其中社会团体为105个，民办非企业单位为492个；备案制社区社会组织580个，其中社会团体63个，民办非企业单位517个。另外，全区目前的社区社会组织已达900余家。从社会组织的数量看，平均1705人拥有一个社会组织，高于全国2672人拥有一个社会组织的水平。

2. 社会组织的类别日益齐备

近年来，市北区不仅重视社会组织数量的增加，而且注重质量的提高和门类的齐全，使其结构由单一转变到多元化。与以前该区社会组织的范围主要集中在民政领域明显不同的是，现在社会组织从事的领域更加广泛，辐射到了文化、教育、卫生、司法、工商服务业、科研、体育等行业，已经具备了类别齐全、层次不同、覆盖范围宽广的特质。当然，从另一个方面来看，社会组织的日趋多样化的发展轨迹实际上也表明了它们自身是在不断地进行自我调整，以满足各种不同的社会与民生需求，适应经济社会的快速变化。

（二）社会组织的作用逐渐凸显

作为青岛市主要老城区之一的市北区，不仅是青岛市工商业的发祥地，而且其人文资源集聚度较高，文化底蕴厚重，社会组织的范围更多地涉及社区文化类、养老服务类、社区医疗类、幼儿教育类、公益服务类、公益慈善类、法律服务类、社区体育类等领域，其作用日益得到显现。主要表现在：

1. 弥补政府公共服务的不足

与广大民众迅速增长的巨大物质文化需求相比，政府尽管加大了公共服务的投入，但还是有较大的缺口，而社会组织特别是各种公益类组织正是通过所提供的社会服务，及时地起到了重要的替代和补充作用。例如，在养老服务方面，市北区初步探索出了政府主导、社区社会组织参与的"公建民营"模式，即采取政府投资兴建、引入社区社会组织先进管理经验的模式，其中较有代表性的有河西街道大山社区、海伦路街道海昌社区等两处日间照料中心。这种由政府投资建设养老机构的方式，既能使政府节省出必要的管理资金用来继续建设更多的养老机构，以满足迅速增长的养老需求，又能保证养老机构的社会公益属性。同时，政府不仅投资建设环节，还能监督民资企业在经营中需按照政府的相关管理办法进行管理，使养老机构不至于陷入完全的盈利化和游离状态，而民营资本也可以找到较好的投资点。这种新型的社区居家养老服务体系受到各方面的一致好评。

2. 承接政府的转换职能

市北区通过成立社区服务组织联合会的形式，既承载了政府转换的职能，又解决了社区居民的公共需求。例如，宁夏路街道依托社区服务组织联动中心这一平台，开通联动中心服务监督热线，由社区服务组织联合会的专职人员负责服务资源调度和群众需求登记；8个社区都建立了社区服务组织分会，构建了完善社区服务网络。又如，敦化路社会服务联合会与辖区内70余家服务优质、信誉好的业户签订双赢服务协议，组成社区服务联盟，为辖区居民提供为民代理、家政服务、学生托管、居民养老、法律援助、社区医疗等200多项服务。可以说，如果没有这些社会组织作为相应的载体，政府职能转换的步伐将大大延缓。

3. 表达不同群体的利益诉求

只有疏通各种利益诉求与表达的途径，才能真正构建起和谐与稳定的社会秩序。从这个意义上讲，社会组织可以发挥出政府所难以替代的独特作用。在市北区，众多的社会组织如青岛小陈热线服务社、青少年犯罪心理预防和行为纠偏服务中心、市北区姜东道路交通事故纠纷调解中心、市北区向日葵心理咨询服务中心、市北区海洋天堂自闭症家庭支持中心等积极反映不同利益群体的合理诉求，通过建立利益表达渠道，协助政府化解社会矛盾，发挥了积极作用。

（三）社会组织的管理与培育机制不断完善

市北区坚持培育与管理并重的方针，突出培育重点，依法登记，分类指导，强化管理，采取各种政策措施促进各类社会组织健康发展。市北区以党的十八大、十八届三中全会精神为指导，以加强社会管理为目标，以改革创新为动力，以优化社会环境为保障，坚持民生优先、服务为先、基层在先的原则，积极探索形成"三类服务"工作模式、"三级管理"培育模式和"三个网络"管理模式，构建起全方位立体化的社会组织管理服务新模式。

第一，创新社会组织"三类服务"的工作模式。为促进社会组织健康、有序的发展，更好地为社会建设提供服务，市北区不断加大对社会组织培育的力度，创新"三类服务"的工作模式，努力寓管理于服务之中。"三类服务"的工作模式包括三个内容：一是指"分类服务"，即将社会组织按照不同行业进行分类，指定专人负责，更好地为社会组织服务；二是指"高效服务"，即认真梳理相关的法律法规，制定完善工作规程，编写办事服务指南，统一规范行政许可文书，提升工作效率，确保高效地服务于社会组织，目前登记办理时间平均缩短了60%以上；三是指"温馨服务"，即进一步完善各项办公制度、岗责管理制度、档案借阅制度、服务规范等，通过规定文明用语及服务忌语等，提高服务能力和水平，达到最大满意。

第二，探索社会组织"三级管理"的分层培育模式。大力培育和扶持社会组织，要求最大限度地释放社会力量，增强社会组织的活力。为此，市北区在加大行业协会培育力度的基础上，在培育方式上采取了"三级管理"的方式，即组织范围不超出本社区的组织，直接到所在地社区备案；组织范围超出本社区而不超出本街道的，到街道办事处备案；超出街道范围的，到区民政部门登记备案。不仅如此，市北区还合理地降低了街道及以下社区类社会组织的注册资金、场所、会员数量的门槛，大大鼓励了社区社会组织的积极性和主动性，使社区变成了社区社会组织培育成长的发源地。目前，该区的社区社会组织已超过900个。

第三，构建社会组织"三个网络"的信息化管理模式。近年来，市北区充分利用互联网的强大便捷功能，努力建设社会组织的管理信息系统，为实现高效率的服务奠定了基础。该区不断逐渐完善了以"社会组织网"、"行政许可审批网"和"民政全业务平台""三个网络"为依托的社会组织信息化管理模式，做到了网上审批与纸质审批同步进行、注册登记信息实时公布、组织管理数据网上备案，为社会组织管理创新提供了有力的科技支撑。

（四）改革社会组织登记方案

市北区按照党中央和国务院关于"政社分开、权责明确、依法自治的现代社会组织体制"和"改革社会组织管理制度"的要求，不断深化社会组织管理体制机制创新，进一步转变政府职能，尤其注重培育公益性社会组织，调动社会力量参与公共管理和民生服务的积极性。

第一，对"四类"社会组织实行直接登记。为实现从单一的行政监管到多元治理的转变，推动形成政社分开、权责明确、依法自治的现代社会组织体制，市北区不断推动城市治理创新，积极落实和完善"四类"社会组织的直接登记制度，即对行业协会商会类、科技类、公益慈善类和城乡社区服务类社会组织进行重点培育，促进它们健康有序地发展。该区明确规定，"行业协会商会类、科技类、公益慈善类、城乡社区服务类社会组织，由民政部门实行直接登记，不再需要业务主管单位审查同意"，并努力加强对社会组织的事中、事后监管形式，强化对它们的自律自治要求。目前，全区已直接登记区级社会组织12家，每个社区均拥有10个以上社区社会组织，涵盖养老、卫生、教育、法律、助残、楼宇治理等领域，年均受益人次达20万人。

第二，探索社区社会组织登记与备案双轨制。社区社会组织是在新形势下顺应社会体制变革而出现的一个新事物，最贴近老百姓，是基层民众踊跃参与社区事务与管理的一种组织形式。努力探索社区社会组织发展培育和管理的新方式，对于建设服务型政府、转变政府职能、及时有效地方便广大民众具有重要的促进作用。为此，市北区适度放宽了社区社会组织的登记条件，对公益类、枢纽型、自治性社区社会组织采取登记与备案准入双轨制，即社区层面的社会组织，由各街道社区社会组织联合会负责备案管理，街道层面的或超出街道范围的，由区民政局进行正式登记管理。截至目前，市北区备案制社区社会组织多达580个，涉及的领域有民政类、综合类、体育类、文化类等。

（五）建设区、街两级社会组织"孵化器"

一是建立区级社会组织的孵化器。按照"政府引导、民间兴办、专业管理、公众监督、民众受益"的模式，市北区在2014年与上海恩派公益组织发展中心签订合作协议，这个全国起步最早、发展最大的公益支持性组织集合体正式入驻了市北区嘉定路68号。按照协议，创益工场将由恩派公益组织发展中心提供技术支持，采取"政府牵头建立、专业团队管理、社会力量支持、社会组织受益"的运营模式。园区设立了孵化区、展示区、交流区等功能区域，为入驻机构提供孵化培育、能力建设、信息交流、成果展示、政策咨询、项目指导等专业化服务，具备了社会组织服务与指导、公益创业支持、社会组织能力建设、现代公益慈善理念传播、公益资源对接、社会创新展示、公益项目评估与研究七项功能。截至当年9月份，在双方的共同打造下，"市北区社会组织创益工场"先后接到30家公益性社会组织的入驻申请，经过创益工场运营方资格审定，综合申请机构在专职人员配备、公益项目运作及社会影响力等方面的情况，并匹配创益工场的需求，报经市北区民政局核准，遴选出首批17家公益性社会组织入驻，包括"蒲公英公益平台青岛站"、"乐学网青少年升学援助团"等。可见，这种公益性社会组织孵化器对培育社会组织已经产生了事半功倍的效果。二是在街道层面成立社区社会组织联合会和社区社会组织支持中心。目前，市北区已在阜新路街道进行试点，初步形成了由枢纽型社区社会组织承接政府转移职能和购买服务项目、指导社区社会组织开展活动、向社区社会组织提供信息化平台和技术支持的"三社"联动工作模式。

（六）建构政府向社会组织购买服务的平台

应该说，政府向社会组织购买服务，符合现代社会发展的规律，不仅能促进政府职能转变，也能够推动资源的高效利用整合，以及促进社会组织又好又快的发展。市北区从2009年开始探索政府购买社会组织服务工作，把这项工作的经费纳入年度财政预算，在养老、行业协会等社会急需、条件成熟的领域进行试点。该区首先选取养老行业进行试点，成立了区级养老服务中心、19个街道养老服务中心和940余家社区互助养老点，实行服务券制和补贴制购买社会组织服务方式。2013年，全年投入资金达到60余万元，为1594名社区老人提供敬老卡服务6万余次。另据统计，2013年多个政府职能部门向200多家社会组织购买10余项公共服务，内容涉及教育、社区、司法、养老等公共领域，资金总额超过4000万元。为扩大政府购买社会组织服务范围，2014年该区继续在教育、卫生、养老以外的领域进行试点，推进政府职能转移，促进社会组织发展。

第四节　充分发挥社区助力作用

一、社区助力：发挥社区在城市治理中的基础作用

社区是社会区域共同体或区域性社会的简称。20世纪30年代，以费孝通为代表的中国社会学家把英文的"Community"一词译为中文"社区"并一直沿用至今。民政部2000年颁布的《关于在全国推进社区建设的意见》中把城市社区定义为"聚居在一定地域范围内的人们所组成的社会生活共同体"，它的范围一般指经过改革以后进行了规模调整的居民委员会所属辖区。作为城市的基本组成单位，社区具有政治、经济、教育、文化、福利、环保、卫生及安全等多种功能，已经成为开展城市治理的重要场域。

（一）社区在城市治理体系中的定位

社区是社会的细胞，是国家与社会的接口，是城市基层社会共同体，是基层民主政治建设的平台，也是社会整合的重要载体。"城市治理的重心必须落到城乡社区，社区服务和管理能力强了，城市治理的基础就实了"。[1]市场经济发展和单位制解体使越来越多的困难群体、特殊群体汇聚到社区，越来越多的城市治理和公共服务事项沉淀到社区，越来越多的居民生产生活需求和社会需求集中到社区。十八大报告提出要加强基层社会管理及公共服务体系建设，强化城乡社区服务职能。我国城市治理和公共服务的重心在基层，社会稳定的根基

---

① 习近平参加十二届人大二次会议上海代表团审议时的讲话 [N]. 新华每日电讯，2015-03-06（1）.

也在基层。城乡社区是居民参与公共事务，依法行使民主权利，实现自我服务、自我管理的平台，创新城市治理体制要注重发挥城乡社区的基础平台作用。在全面深化改革过程中，社区承载了越来越多的城市治理职能，"城市治理社区化"的趋势日益显现。城市治理的社区化已经成为城市治理合法性和实效性的基石。

（二）社区在城市治理体系中的重要职能

社区贴近群众生活，知晓群众诉求，熟悉群众动态，它是国家建设的基础，也是城市治理的基础。社区在城市治理中的功能体现在四个方面：一是提供社会服务和社会保障，满足社区居民需要。随着"单位人"转变为"社区人"，社区已成为公众活动的主要社会空间，是改革稳定发展的"蓄水池"，是一种有效的社会接纳方式。一方面，越来越多的社会事务沉淀到社区，承担了社会福利、医疗卫生、劳动就业、社区安全、社会救助、法律服务、社会保障、计划生育、文教体育、流动人口管理等各种任务，已成为政府做好城市治理和公共服务工作不可或缺的助手。另一方面，社区是公共服务的基层平台，可以通过专业化分工的社区服务工作和服务设施满足居民日常生活的多样化需求。二是社区为公众参与城市治理提供了重要平台。我国的基层民主和群众自治制度是居民有序参与政治和城市治理事务的直接途径，通过这种制度设计来实现自我管理、自我服务、自我教育和自我监督。居民在参与社区城市治理活动中可以获得归属感和满足感，最终达到人人参与、人人共享的目标。三是社区承担着化解社会矛盾和维护社会稳定的重要职能。目前我国处于社会矛盾多发期，城乡社区在协调利益、调处矛盾、表达诉求和保障权益方面处于最前沿也是最重要的关口，具有其他社会组织无法比拟的优势。社区常态性的治安防控体系和矛盾纠纷排查调节和预警机制，确保了同步掌控和及时应对各种纠纷，有助于从源头上消解引发纠纷的各种因素，使大量社会矛盾解决在基层、化解在社区。[①]四是社区通过增强居民的归属感和精神寄托来实现社会和谐及持久有效的城市治理。社区与政府相比是一种更有优势的激励机制和约束机制，社区温情、熟人之间

① 王保平. 社区在加强和创新社会管理中的基础作用雏论. 理论学刊, 2013（3）.

的沟通和交流对许多社会问题具有无可替代的解决效果，成为人们生活和精神的重要依托。

二、以社区建设推进城市治理体制创新的主要做法

市北区是青岛市的中心城区之一，区内面积28.63km²，区外有6km²的青岛高新区市北新产业团地，下辖16个街道（社区）办事处，112个社区居委会，常住人口60余万人。市北区以创建"全国和谐社区建设示范城区"为目标，以保障和改善民生为重点，按照"夯实基础强功能、创新机制激活力、服务民生提品质"的工作思路，全力推进群众满意的和谐社区建设。市北区先后荣获"全国文化先进区"、"社区卫生服务示范区"、"社区志愿服务先进单位"等30余项国家级荣誉称号，并在2009年荣获全国首批"和谐社区建设示范城区"。市北区以社区建设推进城市治理体制创新，有效维护和促进了社会和谐稳定。

（一）通过四项措施筑牢和谐社区建设的根基

近年来市北区通过强化组织领导，加大财政投入，加强社区队伍建设，完善社区基础设施，改善社区工作条件等举措，为和谐社区建设奠定了坚实基础。在领导体制方面，市北区成立了以区委书记为主任的社区建设工作指导委员会，设立了办公室和六个专项工作指导组，出台了《关于构建和谐社区的意见》、《市北区社区建设发展规划》、《关于进一步加强街道工作的意见》和《关于加快推进和谐社区建设的意见》等文件，将和谐社区建设纳入全区目标考核体系。在队伍建设方面，着力加强社区工作者的岗位业务、专业技能和学历教育培训，每年对社区工作者全部轮训一遍，结合全国社工职业水平统一考试，逐步实现持证上岗。在基础设施建设方面，大力实施社区居委会办公用房改善和300m²达标计划，采取调剂改善、整合资源、扩建新建、落实新建小区或旧城改造片区配套用房等措施，改善社区办公和服务用房条件，2010年后所有社区用房均达到了300m²以上，为提供社区文化教育、老年人日间照料、贫困家庭救助等公共服务创造了良好条件。在信息化建设方面，建成了集公共服务、社区事务管理和信息管理功能于一体、覆盖100多项社区服务和管理职能的综合电子

政务平台，全面推行网上办公、信息交流和电子档案等举措，为精细化管理服务提供了有效支撑。市北区还建成我国第一个可以进行音视频即时通讯的"市北民情在线"信息服务系统，为居民提供200多项工作、学习、生活服务项目，居民足不出户就可以联系政府有关部门和街道办事处，实现网上咨询办事、解决问题，成为建设开放型与服务型政府的新平台，关注民生工程的新亮点，该做法多次被新华社等媒体关注报道，荣获2009年"中国城市管理进步奖"。

（二）建立三项机制推动社区建设深入发展

创新体制机制是和谐社区建设的重要动力来源，是提升社区活力的基础。市北区把创新民主自治机制、民情畅通机制和公共服务机制作为推进和谐社区建设的着力点，推动社区自治民主化、社区管理精细化、社区服务品牌化。一是创建社区民主自治新机制。市北区积极创新社区管理体制，推广浮山新区"一个核心、三个工作体系"社区管理体制，即坚强有力的社区党委领导核心（社区党工委）、充满生机的社区自治工作体系（社区委员会）、务实高效的行政管理工作体系（社区事务受理中心）、适应市场需求的社区服务工作体系（社区服务中心）。适时进行街道区划调整，按照"条块协同、以块为主"的原则，进一步理顺和明确条块管理的权责关系，取消街道办事处招商引资考核，切实承担起"加强综合管理、完善公共服务、强化城市管理、巩固街道经济、指导自治组织"等主要职能，整体提升街道城市治理和公共服务效能。建立了社区党组织、居委会、业主委员会和物业公司"四位一体"联席会议制度，构建起社区党组织领导下的社区居委会依法自治、业主委员会依法维权、物业公司服务到位、业主广泛参与的社区管理新机制。二是创建社情民意畅通新机制。在社区设立"民情室"，每月10日和25日，各部门选派工作人员到每个社区面对面收集、受理、解决群众反映的问题和困难。设立"市北区书记、区长信箱"，相继开通了"市北区区长热线"、市北政务网"百姓说话"专栏，开辟了群众参政议政、表达利益诉求的绿色通道。开展"党代表、人大代表、政协委员进社区"活动。在街道社区设立党代表、人大代表、政协委员"接待室"，实行每周半天坐班制。定期召开基层座谈会、社区代表会议，进一步畅通居民表达诉求的渠道。每年定期开展书记区长接访、党政领导带案下访、部门领导处理信访、街道领导包片走访的"四访"活动，通过报刊、网络、公示牌等发布党政主要领导公开接访信息，主动了解和解决群众关注的热点难点问题，成功解决了拆迁安置、企业改制等一大批棘手问题。三是创建社区公共服务新机制，实行"为民服务代理制"。市北区在全区建立了基层公共服务为民代理制，将政府和派出机构的相关行政许可事项以及社会救助、社区就业等与群众生活密切相关的公共服务项目，全部纳入区、街、社区为民服务代理中心，服务范围涉及党务、政务和生活服务类等200余项。居民只需向代理机构提出办事申请并提供相关材料，就会有代办员在规定时限内为居民全程无偿代理服务，从而快捷有效地解决了居民在工作、生活中遇到的实际困难和问题。

（三）实施四项工程提升和谐社区建设水平

市北区于2007年在全国率先实施了"民生创业工程"。按照"政府引导、帮扶经营、自愿参与"的原则，依托"十里商贸长廊"，统一规划了10处民生夜市，建成了3700m²的民生创业服务基地，设立了1700m²的仓储式配送中心，为经营业户零利润配送商品达4000余种。新建了3.5万m²的民生创业园，形成了完整的民生创业服务体系。加强就业平台建设，建立"零就业"家庭岗位服务制度，全面启动创业技能培训计划，为居民提供就业推介、政策咨询和岗前培训等一条龙服务，构建起集岗位开发、再就业服务、托底安置于一体的再就业援助体系，全区89个社区达到了充分就业社区标准。

实施"民生惠老工程"。近年来，市北区建设了1条敬老街、2处区级老年乐园、13处老年门球场、136处老年娱乐室、216处老年健身场地，为老年人文化娱乐、休闲健身提供了场所保障。市北区建立了区、街、社区关爱长者服务社（站），为老年人提供生活照料、医疗康复、精神慰藉、法律援助等4大类40余项服务。市北区被确定为"首批全国养老服务社会化试点区"以后，加快了社会养老服务机构建设，开展居家养老服务，为低收入群体和孤寡老人提供生活照料。开发建设了"助老应急服务和谐通"服务系统，为2300余户空巢老人提供咨询服务5000多人次，提供应急需求服务400余人次。

实施"民生救助工程"。创建了"有困难，找家园"服务品牌，建成了112处社区互助家园，零距离帮助社区居民解决生活困难。充分发挥慈善协会等社会组织的优势和作用，多方募集救助款项，开设了慈善公益门诊、爱心助学、天使阳光等一大批公益示范项目，整合全区各方救助资金1700余万元，对3200余户困难家庭实施了救助。探索建立了国内首个掌握困难居民情况的"市北民生指数"评估体系，这一评估体系涵盖了困难家庭的收入、住房、教育、就业、健康、养老等六个方面原始数据，提高了救助措施的针对性，实现了对困难家庭帮扶全覆盖。

实施"民生安居工程"。近年来，市北区改建扩建18处农贸市场，培育6700余处社区便民商业网点，完成34家社区卫生服务中心（站）标准化建设，形成了"一刻钟家政生活、卫生医疗服务圈"。通过旧城改造和实施民生安居工程，修缮、改善了5万户居民的居住条件，解决了1万余户低收入家庭的住房问题。大力推进社区环境综合整治，整治背街小巷960处共计67万m²，整修居民楼院1000余个，新建改建绿地34.3万m²。建成了具有旅游景点、商业经营、环境再造和人文内涵各种职能的文化街、天幕城、体育街等17条特色街，形成了独特的"市北特色街现象"，释放出极大的集聚和辐射能力，直接带动5万余人就业。开展"平安市北"创建，"综治协会"、"一长六员"楼院群防群治的经验做法被中央综治委推广，被评为"平安山东建设先进区"。

三、启示与思考

加强和创新城市治理要从基层抓起，从社区起步。市北区通过加强基层城市治理的基础建设，改革完善基层社区管理体制，大力改善民生等措施为城市治理提供保障，有效改变了基层城市治理薄弱的现状，筑牢了整个社会和谐稳定的基础。市北区通过推进和谐社区建设实现了城市治理和公共服务的有机统一，通过改善民生的四项举措实现了社会建设与城市治理的同步发展，这也是市北区城市治理的亮点所在。城市治理要坚持以人为本，必须重点解决民生领域的突出问题，推进以保障、改善民生为重点的社会建设，尽快补齐社会建设的短板，真正增强服务意识，维护群众合法权益和主体地位。只有塑造以公共利益为核心的公共价值，健全的基层公共服务体系，完善以城市治理为基础的基层组织，建立基础牢固的基层公共领域，才能解开基层社会的"密码"，社会发展才能充满活力，社会秩序才能建立起来。未来社区建设可以从物质层面和制度层面进行提升，使社区成为创新城市治理的坚实基础。

从物质层面来看，要使居民参与社区生活，包括社区广场、文化中心、图书馆在内的公共活动空间和服务设施是必不可少的。由于我国社区建设起步较晚，城市建设对社区规划和社区发展考虑较少，在人性化方面存在缺陷。社区建设被视为民政部门或其他社会发展部门的职责，政府建设部门没有有效参与进来。总体来看，新建小区的公共活动空间相对充足，而老城区社区活动空间相对缺乏，限制了人们的社区交往和参与活动。市北区改善社区办公和服务用房条件，完善基础服务设施就是试图解决这一问题的尝试。现在许多地区都开始重视社区服务体系建设，但存在的突出问题是缺乏与城市发展规划和经济发展规划的协调配合，社区服务体系建设会出现资源配置不合理和管理混乱的状况，因此，社区公共活动空间和服务设施建设必须放到城市总体规划设计之中，把与区域内产业布局的统筹协调问题考虑在内，减少或避免出现形象工程和政绩工程。

从制度层面来看，和谐社区建设离不开党委政府的大力推动，这也是我国社区建设的主旋律之一。党委政府发展思路贯彻到社区建设中去的同时造成了社区建设的行政化趋向和路径依赖。社区建设得益于国家宏观政策所提供的发展空间，可以名正言顺地得到国家权力和资源的支持，但也限制了公民参与能力和自身组织动员能力，而这种集体行动能力正是社区发展的重要内驱力。社会无法对国家意图进行有效回应也导致国家意图难以实现。当前社区建设所表现出的自治组织行政化、形式主义严重、公共服务不到位、发展动力不足等问题，其深层原因是社区居民参与的不足和政府"一驾马车"拉动的乏力。为了解决这一突出问题，未来的社区建设必须走自上而下的政府推动与自下而上的社区参与相结合的道路。一方面，现代社区的规划、建设和发展还离不开政府的政治动员、政策引导和行政扶持，在未来的社区建设中还要继续发挥政府的主导作用。通过建设服务型政府，提高服务水平，实现由微观管理向宏观管理转变，重点在宏观调控、规则制定、发展预测、政策协调、环境治理、人才培训、调查研究等方面做好工作。通过转变政府职能，加强对社区建设的指导，综合运用法律、经济等调控杠杆，实现由直接管理向间接管理转变。另一方面，要完善社区自治制度，加强社区自治组织建设，进一步畅通居民参与公共事务管理的渠道，培养具有公共精神的社区居民，调动社区内的各类社会力量参与社区建设，发挥自下而上的社区建设推动力量。

第五节　更好推进城市治理精细化

近几年来，市北区以改革创新为动力、以先行先试为引领，整合大数据搭建城市治理信息平台，建立起协同治理、动态治理和主动治理的"网格化大治理体系"，在全国率先出台城市治理精细化实施意见，全域推进城市治理。走出了一条具有特色的城市治理新路，被民政部批准为全国社区治理和服务创新试验区，荣获2015年全国创新社会治理最佳案例奖。

一、推进城市治理精细化的主要做法

（一）调整治理结构，筑牢精细化治理的组织基础

青岛市市北区通过对区、镇街和管区三级治理结构进行调整，初步搭建起区级城市治理中心负责统筹调度、区直部门和镇街分级负责、管区网格进行基础支撑的体制架构。一是区级加强组织领导。成立区委书记担任组长的城市治理工作领导小组，区委副书记负责具体工作，由政法委书记和一位副区长协助分管，公安、司法、应急、信访、安检、民政、城管、质检等部门为成员单位。成立正处级事业单位"市北区城市治理中心"，统筹协调全区城市治理工作。二是深化镇街体制改革，剥离和弱化镇街招商引资等经济职能，推动镇街工作重心转向城市治理和公共服务转变。明确镇街重点做好城市治理、基层建设、发

展保障和公共服务工作。在镇街内部设立专门的城市治理办公室，落实协调部署相关工作。三是实行管区制，深入推进网格化建设，为实现更加精细有效的城市治理，将每个镇街划分为5到7个管区。为强化基层基础，将100多名处科级干部下沉至管区担任主要负责人和副职。市北区19街和135居委会划分网格，与此同时对网格因地制宜进行细分，划分为城市网格、农村网格、村改居网格、企业网格及特殊网格等若干类，以便于进行精细化治理。

（二）优化治理流程，理顺精细化治理的体制机制

将精细化治理融入城市治理的每一个环节，在责任划分、事件处置、监督检查等多个方面实现精细化治理，形成全程掌控、快速反应、闭环运作、高效联动的城市治理流程。市北区出台了《关于率先推进城市治理精细化的实施意见》提出了责任精细化、处置精细化、监督精细化的实施方案。在责任落实精细化方面，坚持划格定责、分级负责和人人有责的原则，制定城市治理事权清单，厘清各部门及镇街的职责定位。将社会治安、城市管理、民生服务、安全生产、纠纷调解和信访稳定六大领域事务全部纳入网格管理，每个网格安排不少于5名网格员，负责基本信息搜集、矛盾隐患排查、服务人民群众及问题核实处置等工作，实现"网中有格、格中有人、事在网中、人在格上"的无缝隙精细化治理。在事件处理精细化方面，建立起一套标准化和规范化的工作体系，实行首单负责制、核实回访制等工作制度，实行流程再造，建立直接答办和分类转办等工作流程，以及人工交办、电子催办、短信督办、现场查办和专报批办"五级督办机制"。在监督实施精细化方面，将城市治理工作列入区级科学发展综合考核体系，将考核结果与领导班子及干部个人的表彰奖励及提拔使用挂钩，作为文明单位、劳模评选的重要依据。另外，在报刊、网络、电台开辟专栏，开通网络APP查询通道，借助媒体和舆论的力量，公开督办事项处理情况，曝光不作为和乱作为行为，对承办城市治理事项不利的单位和个人严肃追责。

（三）强化信息支撑，搭建精细化治理的信息平台

依托智慧城市建设，引入"互联网+城市治理"模式，搭建信息采集、处理和研判平台，通过提高城市治理的信息化、网络化和智能化水平推动城市治理精细化。一是依托"天网"、"地网"实现信息精细化收集。建立智能巡查"天

网"，整合社会治安、安全生产、城市防汛及森林防火等4000多条视频监控资源，建成视频监控探头23000个，对风险隐患易发地区进行可视化和智能化监控，基本实现地区全覆盖。建立人工巡查"地网"，整合社区民警、城管执法队员、安检员、协管员力量，全区5000余名专职网格员携带智能终端全天不间断巡查，确保发现问题第一时间上报处理。系统建立后，网格员上报各类信息150多万条，处置率达到97.7%。二是构建"三级平台"实现信息精细处置。通过城市治理信息平台实现区、镇街和管区三级数据资源的互通共享和高效联动。将网格员采集的信息按照不同级别分别接入三级平台，建立"发现报送、研判处置和核实反馈"的闭环工作模式。三是搭建大数据中心实现信息精准研判。整合区人口、地理、企事业单位等基础信息，执行标准统一的信息采集和更新机制，建立包含300余万条信息的城市治理大数据中心。利用大数据技术对城市治理事务进行分析研判，建立预警机制，做到问题"早发现、早防范、早处理"。

（四）完善治理格局，培育精细化治理的多元主体

市北区按照十八届三中全会的要求，不断推进政府治理和社会自我调节、居民自治的良性互动，变"政府独奏"为"社会合唱"，多措并举培育和引入多元主体推进城市治理精细化。一是引导培育社会力量参与，区政府加强政策引导和资金支持，专门出台《进一步推进社会组织改革与发展的意见》，设立500万元社会组织发展基金，建立社会组织孵化园、创意园和公益园。目前全区有1500多家社会组织，4万名社会工作者、10万名志愿者和义工活跃在城市治理舞台上。二是引导鼓励公众参与。拓宽门户网站、手机终端、网络舆情及微信公众号等信息搜集渠道，整合群众诉求渠道，将原来分散的18条政务热线统一为"一号通"（67712345），24小时受理群众咨询、投诉和建议。专门设立50万元的公众参与奖励基金，鼓励群众上报问题、提出合理建议。据统计，现在每天平均受理6000余条信息，大量隐患和问题得以及时发现并消灭在萌芽状态。三是不断完善多元共治格局。建立城市治理联席会议制度，由区委牵头，城市治理中心、综治办、法制办、安委办、城管委办、编委办参加并定期召开联席会议。发挥工会、妇联和共青团枢纽型社会组织的作用，吸纳驻区高

校、企事业单位积极参与城市治理。四是进一步强化基层社区自治。制定出台了《关于加强城乡社区治理的意见》，从社区多元主体建设、提高社区治理能力、提高社区服务能力、落实社区事权责任、落实社区平台建设及落实社区保障制度等六个方面提出了建设现代化新型社区的具体意见。

（五）加强法治保障，奠定精细化治理的制度基础

法治是最有效的城市治理模式之一，市北区着力推动参与城市治理相关部门和人员运用法治思维和法治方式来化解社会矛盾、解决社会问题，以法治建设保障和推进城市治理精细化。一是推进综合行政执法法治化。在山东省率先实施综合行政执法体制改革，整合原来的城管执法、文化市场执法、国土资源执法监察、交通稽查及海监等多部门力量，组建综合行政执法局，推进跨部门、跨领域综合执法，行使城市管理、海洋渔业、文化市场、交通运输、国土资源、旅游等六大领域行政执法权。建立综合执法与司法有机衔接新模式，综合执法局与法院、检察院合作成立巡回法庭和监察室，推动实现信息共享、案情共商和依法执法。二是推动社会矛盾纠纷调解法治化。出台《城市治理工作规则》和《关于推进社会矛盾纠纷调解体系建设的意见》，推行"1+X"法律服务模式，成立一个综合调解室，整合调解员、律师、志愿者等多方力量，聘用500多名法律工作者免费提供法律服务，打造"半小时法律服务圈"。推动综合调解、社区矫正、法制宣传、法律援助和法律服务进入城市治理网格。建立"诉调联动、警调联动、检调联动、劳调联动、裁调联动、卫调联动"等"多调联动"矛盾化解机制。三是推进安全生产法治化。出台《落实企业安全生产主体责任规定》《关于安全生产法治体系建设的意见》。整合区安全生产监管力量，在全国率先组建安全生产监管执法局，在安全生产案件的查办处置中建立安全生产执法与公安、法院、检察院的衔接联动，提高治理效率和精细化程度。该做法实行以来，区未再发生较大及以上的安全生产事故。

二、推进城市治理精细化的启示

提升城市治理精细化水平，是继十八届三中全会把社会管理提升为城市治

理后的再次升华，指明了创新城市治理的方向，是今后一段时期推进城市治理现代化的必然路径。青岛市市北区的一系列做法践行了大八大以来党关于城市治理的精神要求，符合人民群众利益和政府转型需要，带来了良好的经济社会效益。市北区的做法对创新城市治理、推进精细化治理实践有多方面启示。

（一）坚持以人民为中心，是城市治理精细化的价值导向

我们党创新城市治理的最终目标，就是"让老百姓过上好日子"，以人民为中心是以习近平总书记为核心的党中央治国理政的出发点和落脚点。实践证明，如果社会领域的问题解决得不好，即使我国经济能够保持中高速增长，从长期来看也会受到影响和制约，社会主义制度的优越性也难以体现。随着时代的发展，实现城市治理精细化已成为人民群众的迫切需要。青岛市市北区以满足人民群众需要为核心，牢固树立城市治理"核心是人"的理念，不断提高人民群众的获得感，安全感和幸福感。坚持以提高公共服务能力作为工作的出发点，寓城市治理于公共服务之中，通过提高办事效率、缩短服务半径、推广信息应用、推进综合执法等措施，不断完善"大服务"工作机制和便民服务"零距离"目标，回应人民群众最关心、最直接和最现实的利益诉求，初步实现了从"消极管控"到"积极治理"的转变。

（二）筑牢治理基层基础，是城市治理精细化的基本前提

城乡社区是实现城市治理精细化的重要场域，当前的重要任务是将创新城市治理的重心落到城乡社区。市北区通过治理重心下移，较好地解决了基层治理能力薄弱的问题。市北区在推进城市治理精细化过程中，找准了基层社区城市治理精细化这个难点和突破口，大刀阔斧地推进镇街体制改革，充实基层力量、促进职能下放，把各类资源、管理和服务下沉到基层，解决了服务管理"最后一公里"的问题。下一步要通过优化机构设置和职能配置，打造基层城市治理精细化的"升级版"，这就要求在城市治理创新过程中要处理好两对关系。一是处理好"赋权"与"减负"的关系，既要通过做减法减掉街道社区不应当承担的有关职能，使其回归城市治理本职，又要通过做加法不断加强基层城市治理的权力，实现"局部小受损，全局大受益"。二是处理好"有责任"与"有资源"的关系，推进城市治理精细化意味着城市治理主体要承担更多的责任，

同时也需要更多的资源，这就需要赋予基层在城市治理更大的协调权、指挥权和建议权，让下沉的职能能够在社区层面"接得住、发挥好"，成为实现城市治理精细化的突破口。

（三）创新治理方法工具，是城市治理精细化的内在要求

市北区利用现代信息技术推进城市治理精细化，充分表明"技术治理"在现代治理中的重要性。麦肯锡的大数据研究报告显示：大数据是国家和地区发展的主要指标，将成为引领未来科技和社会进步的重要载体。大数据技术为城市治理带来新机遇，也是城市治理精细化的内在要求。网格化管理与信息技术结合是实现源头治理的有效方式，通过完善网格体系和现代信息技术平台，可以实现群众诉求的及时准确传递与掌握，使城市治理从过去"自上而下"转变为"双向互动"，从"粗放机械"转变为"灵活精细"。下一步要在总结经验规律的基础上推进网格管理和信息技术的深度融合，推进网格管理与"互联网思维"和"云应用"的有机统一，以信息联通促进工作联动，"技术性"地化解城市治理难题。另一方面，在运用现代信息技术推进城市治理精细化的同时，要减少"信息鸿沟"带来的负面影响，注重"起点机会公平、过程统筹兼顾、成果收益共享"，避免"技术治理"的负面作用，真正做到以"善治"为导向促进实现"包容性治理"。

第四章

青岛市市北区城市治理的
实证研究

2015年12月30日中共中央国务院印发的《关于深入推进城市执法体制改革改进城市管理工作的指导意见》中提出要完善城市管理、创新治理方式、完善保障机制、加强组织领导，切实强化对推进城市管理执法体制改革、提高城市管理水平。我国城市治理重点是服务、共享、融合。城市治理作为多元主体共治行为，是指政府、市民、企业、社会组织、社区组织等一起来参与城市治理。

为了更好地了解青岛市市北区城市治理的需求愿景、各级党政组织单位以及个人的参与意愿、参与行动效果情况、城市治理满意度情况，以该辖区内相关的城区治理参与主体作为问卷调查的对象，深入研究城市治理组织体系、网络信息平台建设、相关政策保障措施，旨在提高我国城市治理水平并且进一步推动我国城市治理现代化的发展。其中，本章所使用的问卷（具体内容详见附录）一共包括五部分内容：第一部分为问卷填写人的基本信息，主要用于基本资料的统计分析；第二至第五部分分别为青岛市市北区城市治理的需求、参与意愿、参与行为与满意度调查的指标题项。调查问卷下发到市北区的18个街道，调查对象包含政府机关事业单位负责人、政府机关事业单位其他工作人员、企业管理者或所有者、企业其他从业人员、个体工商业所有者、个体工商业从业人员、自由职业者、离退休人员、军人以及其他人员，调查人员基本涵盖各个行业，可以有效地反映市北区城市治理的基本情况。共发放问卷900份，有效回收820份，回收率91.11%，达到了调查问卷预期的回收数量目标，数据结果可以作为科学分析的有效依据。

其中在被调查的对象中，政府机关有178人（约占总人数的21.71%），事业单位及科研院所55人（约占总人数的6.71%），国有企业从业人员77人（约占总人数的9.39%），民营企业人数为70（约占总人数的8.54%），个体工商业者96人（约占总人数的11.71%），其他从业人员344名（约占总人数的41.95%）。在上述人群中，本辖区居民为662名（约占总人数的80.73%），非本辖区居民为158名（约占总人数的19.27%）。在本辖区居住小区的建设年代1950年以前的有42人（约占总人数的5.12%），1951~1980年间的为106人（约占总人数的12.93%），1981~2000年间的为416人（约占总人数的50.73%），2001~2005

年间的为124人（约占总人数的15.12%），2005年后的为132人（约占总人数的16.1%）。被调查对象户籍所在地为本辖区的有577人（约占总人数的70.37%），户籍不在本辖区的有243人（约占总人数的29.63%）。性别为男的人数为344（约占总人数的41.95%），女性有476人（约占总人数的58.05%）。20岁以下12人（约占1.46%），21~30岁138人（约占16.83%），31~40岁247人（约占30.12%），41~50岁224人（约占27.32%），51~60岁128人（约占15.61%），61岁以上71人（约占8.66%）；未婚117人（约占14.27%），已婚666人（约占81.22%），离婚22人（约占2.68%），丧偶15人（约占1.83%）；收入在5万元以下的有249人（约占30.37%），收入在5~10万的有341人（约占41.59%），收入在10~15万的有144人（约占17.56%），收入在15~20万的有59（约占7.2%），收入在20万以上的有27人（约占3.29%）；从事职业为政府机关事业单位负责人的有45人（约占5.49%），所从事职业为政府机关事业单位及其他工作人员的有177人（约占21.59%），从事企业管理者或所有者的有37人（约占4.51%），从事企业其他从业人员的有82人（约占10%），从事个体工商业所有者的有62人（约占7.56%），从事个体工商业从业人员的有56人（约占6.83%），从事自由职业者的有39人（约占4.76%），离退休人员有67人（约占8.17%），军人有9人（约占1.1%），其他从业人员246人（约占30%）；高中及以下学历的人数为238（约占29.03%），大专学历的人数为284（约占34.63%），本科学历的人数为268（约占32.68%），研究生学历的人数为30（约占3.66%）；无职称的人数为552（约占67.32%），初级职称的人数为137（约占16.71%），中级职称的人数为110（约占13.41%），高级职称的人数为21人（约占2.56%）；对所在辖区的城市治理非常了解的有139人（约占16.95%），比较了解的有309人（约占37.68%），一般了解的有298人（约占36.34%），不太了解的有67人（约占8.17%），很不了解的有7人（约占0.85%）。

第一节　城市治理地位与特色

中央城市工作会议指出要"转变城市发展方式，完善城市治理体系，提高城市治理能力"，市北区作为山东省青岛市的主城中心区，正探索通过实施城市治理新模式，为我国城市治理现代化提供生动的基层样本。作为青岛的老城区，市北区人口密度大，棚户区改造任务重，低保、老龄及残疾人等特殊群体数量多，城市治理任务十分繁重。同时，在政府部门间也客观存在着职能交叉、职责不清、信息不畅等问题，新形势对政府的社会治理功能提出了新的要求，创新与改革势在必行。跟全国其他城市的老城区一样，空间资源不足也成了制约市北区发展的瓶颈。为了破解这一瓶颈，市北区进一步加快创新平台建设、创新主体培育、创新人才引进、创新体制优化，实现创新能级全面提升，并计划在未来五年，重点打造"六大创新载体"。作为老城区，民生压力舒缓、产业再造升级、城区功能更新等战役全面推进，市北区任重道远。

在中国共产党青岛市市北第二次代表大会上，市北区明确了"建设宜居幸福创新型国际城市核心区"的目标。"核心区"应具备向外辐射的能力，具备裂变式或聚变式的能力。这一目标的提出，既是基于对市北区区域资源禀赋、产业发展现状的精准剖析，更是对城市发展规律的准确把握。城市治理的核心，是处理好政府和居民的关系。城市治理的主体需要从过去的政府主导，拓展到机关事业单位公职人员、街道干部、综合执法人员、社区工作者及辖区居民等。让更多人参与到城区治理中，提升对反映问题的处置效率与效果，居民就能感受到城市的温度。为了进一步提升城市生长力，全面推进经济转型、城市更新、社会治理、生态文明等各项建设，市北区将建设成为智力密集型产业示范区、高端人才聚集区、城市治理先进区和生活品质样板区。正是在上述背景下，市北区将不断深入推进区域管理网格化、全区统筹信息化、公共服务精准化、社会治理精细化，不断提高城市治理现代化水平。

一、城市治理地位

管理和治理最大的差别在于管理具有指向性，具有自上而下的属性特点，并且具有一定的强制性；而治理则更加强调多元主体参与，充分调动城区各类参与主体的积极性最终实现共治共享。随着城区的不断发展，其所面临的问题日益复杂多样，单靠某一治理主体往往无法达成有效的结果。要让城区各个主体积极参与进来，需要搭建平台、畅通渠道，核心是要解决问题、有效管用，关键是要做好保障、无缝衔接。总之，管理是单一性的公共权力行为，治理是多元主体共治行为。

从各国城市治理创新的趋势来看，参与式治理非常重要。从城市规划、公共预算、市政建设、公共政策到社区治安、社会服务和市民互助都离不开市民的广泛参与。用新技术催生新平台。物联网+已经为很多实体经济插上了翅膀，同样可以为居民参与城市治理畅通渠道。政府可以采用APP等形式，专门搭建供市民方便参与城市治理的网络平台。市北区目前研发了"在市北"APP，采取运转公益性、操作简单化、跟踪实时化等特点，为广大市民参与城市治理提供便捷化的平台。保障平台的有效运行，除了需要参与者从中得到参与城市治理的获得感，还需要制定有效的激励措施。

随着我国城市化进程的不断加快，对城市治理提出了更高的要求，特别是现代化城市治理模式的构建显得尤为紧迫。城市治理创新重点应当在哪里？北京大学政府管理学院院长俞可平教授认为重点有三方面，第一是服务。城市治理应当从管制型转为服务型，这是我国改革开放以来政府创新的重要成果之一，也是未来城市治理的方向。现在很多城市在做网格化管理，要尽快升级到网格化服务。城市基本公共服务应当以政府供给为主，但个性化的城市社会服务应当向社会开放，让更多非政府组织和社会企业承担城市社会服务的功能。第二是共享。城市治理共享有三种基本形式，首先是工具的共享，如搭顺风车、团购等。其次是信息资源共享、各种数据的共享，如道路实况、实时导航、治安网络等。再次也是最重要的是价值共享，特别是发展成果和利益共享。实现共享需要新的城市治理机制，除了信息共享机制以外更需要新的公共政策和福利体制。第三是融合。城市治理现代化进程中最大挑战之一是城市碎裂化。俞可平认为，如本地居民和外地新移民的不融合、不平等等碎裂化问题，都需要建立新的融合体制，譬如城市户籍体制改革、社会福利保障体制改革、城市规划与设计体制改革、城市治理体制改革等来克服碎裂。

二、城市治理特色

（一）服务于"宜居幸福创新型国际城市核心区"建设

市北区从"中心区"到"核心区"的转变是城区发展能级的全面提升；与城市母体的联结将更加紧密，有更大作为与担当；承载着一座城市政治、经济、文化、生态和社会等方面的核心功能，对于提升城市发展能级、宜居环境和生活品质，具有不可或缺的引领和推动作用。国际经验表明，成为城市"核心区"，需要强悍的创新要素支撑，需要完备的公共服务能级支持，需要历久弥新的人文精神涵养。市北区在从"中心区"到"核心区"转变的过程中，除了加大基础设施建设，特别是当基础设施"硬件"建设趋于饱和的时候，基础设施"软件"——人力资本、社会资本以及城市治理能力将起更为重要的作用。"核心区"建设需要以创新作为支点，让创新因子持续发酵，实现固有存量发生链式裂变反应。"核心区"建设需要构建具有生长能力的创新平台，实现智慧、技术、资金交融流动新平台，构建新型产业联盟与企业集群。"核心区"建设应该以人为核心，将能否让人民宜居、幸福作为评价的标准。总之，市北区城市治理的特色之一便是它服务于城市建设与发展的愿景，以具体的城区需求为导向，更加与注重以人为本、关注绿色发展，与实现经济、社会和环境的协调与可持续的城市未来发展愿景。未来五年，市北区将着力提升城市生长力，全面推进经济转型、城市更新、社会治理、生态文明等各项建设，把市北区建设成为智力密集型产业示范区、高端人才聚集区、城市治理先进区和生活品质样板区；全力打造一流国际邮轮港，坚持港城联动、以港兴城、高端引领，为建设国际城市核心区提供战略支撑。

（二）城市治理品牌——城市生长力

市北区创新提出了"城市生长力"城市治理品牌：通过引进智库群、构筑人才高地，为城市发展把脉定向；通过大数据分析整理、应用"互联网+""物联网+"技术理念，加强城市精细化管理；通过实行人员力量下沉，助推行政体制改革，提高城市规划、建设、管理水平。其中，搭建三个平台、实施三级联动是这一创新理念的重要内容。三个平台即区级平台、街道平台和社区平台。区级平台作为全区城市治理信息集聚、案件处置和考核督办的枢纽，发挥协调功能；街道平台作为辖区城市治理的责任主体，对社区前端管理平台进行监督指导，并承担纠纷调解和社会保障等管理任务；社区平台作为城市治理的基本单元，在社会前端管理中发挥第一道防线的作用。在三级联动平台中，各级职能部门在城市治理中工作界限和职责任务日益明晰。

在推进过程中，市北区以社区为单位，将全区划分为责任网格、单元网格，将区域相对集中、面积较大的厂区、园区、校区、企业等划分为拓展网格。每个社区网格设立一名网格长和若干名网格巡治员，街道干部和属地公安派出所及交警中队干警"下沉"到社区网格，组成社区网格员队伍，按工作分工承担相应网格管理责任，实现城市治理网格全覆盖，责任网格之间实现无缝衔接。平台和网格建成后，市北区又对城市治理提出了更高的目标——实现"区域管理网格化、全区统筹信息化、社会治理精细化、公共服务精准化"。网格建设将居民、企业、社区、街道、执法部门、城市治理指挥中心之间的联系由原来的串联模式变为了并联模式，由原来的线型运作变成了网状运作。

（三）城市治理现代化

城市治理不仅仅是让全民参与进来，更重要的是政府部门走出信息孤岛，以大数据为支撑，真正了解和掌握群众遇到的问题和具体需求。市北区城市治理网格化信息平台作为城市治理的反馈—响应平台，还是全区城市治理的数据库，社区网格员这是该数据库的"信息采集员"。该数据库系统通过聚合图、热力图的方式直观展现问题高发区域，为政府决策提供依据和数据支持。

城市治理现代化需要治理模式的创新，市北区所实施的"一中心、多平台、广触角"治理模式取得了良好的效果。"一中心"，即政府在治理模式中发挥主导作用，并在区级层面构建一个城市治理指挥中心；该中心具有工作调度、分派应急、实时调度解决街道、区直部门上报的重大、紧急、疑难问题的功能；它还是数据整合应用中心，将全区已建成和在建的信息平台全部打开端口链接到中心平台，实现全区信息共享，数据实时呈现；它还是工作联动中心，与市北区110指挥中心合署办公，实现警民联动，防患于未然。"多平台"，即着眼于发挥各部门主体作用，在街道和重点区直部门都成立调度平台。这些平台主要用来处理网格员上报的城市治理问题，对能够在街道内解决的，直接指派街道有关部门或综合执法部门按时限标准解决，对需要区级层面解决的，及时报送区级指挥中心调度解决。"广触角"，即着眼于发挥社区群众自治作用，采取购买社区服务的方式，由社区居委会组织收集城市治理所需的数据、信息，街道按照社区大小和户数支付一定费用，确保数据和信息的及时性与有效性。在以上三个要素的基础上，通过职责理顺、流程再造、标准设定，确定工作规则，实现政府体制内上下联动、闭合循环、高效运转。

（四）以网格化信息化为抓手创新治理路径

"区域管理网格化、全区统筹信息化、公共服务精准化、社会治理精细化"是市北区推进城市治理的工作模式。市北区通过改革的办法、创新的手段、科技的助力，积极推进城市治理体制创新，实现了人员、部门、系统、技术、平台、数据的深度协同，有效提升了城市治理效能。

首先，市北区根据区域管理的实际情况、难易程度，细化管理单元，科学划定网格，明确责任归属，加强人员配备，推进"区域管理网格化"，努力实现"责任不出格、管理无缝隙"，有效解决了"推诿扯皮"等治理难题。经过在三个街道试点验证的基础上，市北区于去年7月全面推开城市治理网格化工程，建立了城市管理三级联动机制。以社区为单位，市北区将全区划分为135个社区网格、1064个单元网格，将124个区域相对集中、面积较大的厂区、园区、校区、企业等划分为拓展网格，共计1188个责任网格。与此同时，市北区积极探索政府体制扁平化管理，落实机关干部下沉网格。每个社区网格都设立网格长、网格巡治员，街道会安排1名处级干部、1名科级干部和1名综合执法队员下沉到社区网格，并指定责任科室指导社区网格工作，属地公安派出所和交警中队也会安排1名干警下沉网格，按工作分工承担相应网格管理责任，对网格内"人、地、事、物、组织"实施全覆盖管理。通过这些举措，市北区把城市治理的主体从过去的城市管理部门为主，扩展到机关事业单位、街道干部、综合执法人员、社区工作者、网格员等各个层面，构建横向到边、纵向到底的责任体系，初步形成了责任清晰、运行高效的城市治理工作格局。

同时，市北区依托浪潮研发中心、青岛地理勘察测绘院等科研院所和企业，借助移动GIS、三维地理信息、大数据等信息化技术手段，整合全区人口、企业、建筑物、危险源、城市部件、监控摄像头等各类信息，构建全区统筹的城市治理信息化管理系统，通过信息平台实现数据的集中管理、互通共享，为政府科学决策提供准确、全面、系统的数据支持，实现城市治理智能化、协同化、精确化。市北区建立信息采集与问题处置联动机制，通过巡治员巡查"主动发现"和市民、社会团体组织反映问题"被动发现"双途径采集信息、发现问题，对上报平台的信息案件，明确办理流程和处置时限；设置系统跟踪办理进度，对正常办结、即将到期和超出办理时限的案件分别用绿、黄、红三色提示，进行提醒、催办、督办和问效，将办理效率和质量纳入量化考核，用考核督促问题的整改落实。

第二节 城市治理需求状况

为了对市北区城市治理需求情况进行分析，现设计"市北区城市治理需求调查表"。围绕发展愿景、城区现状以及社会构成要素的提升与发展进行问卷设计与调查。

一、发展愿景对城市治理现代化的需求

发展愿景主要从四个方面进行调查：实现"城市，让生活更美好"的民生需求；构建青岛市主城中心区"五大中心"；提升经济实力和产业活力；提升城区魅力和产业合力。具体调查结果分析如下（表4-2-1）：

发展愿景对城市治理现代化的需求   表4-2-1

	民生需求	"五大中心"的构建	提升经济实力与产业活力	提升城区魅力与社会合力
非常迫切	53.66%	51.83%	50.85%	50.73%
比较迫切	36.83%	37.32%	37.07%	38.54%
不确定	7.8%	9.02%	9.76%	8.66%
不太迫切	1.71%	1.71%	1.95%	1.83%
很不迫切	0%	0.12%	0.37%	0.24%

通过表4-2-1可以看出：受访者中认为实现"城市，让生活更美好"的民生需求需要城市治理现代化的比例为90.49%，其中实现"城市，让生活更美好"民生需求对城市治理现代化需求非常迫切的占53.66%，比较迫切的占36.83%；实现"五大中心"发展愿景需要城市治理现代化的比例为89.15%，其中非常迫切的占51.83%，比较迫切的占37.32%；提升经济实力与产业活力需要城市治理现代化的比例为87.92%，其中非常迫切的占50.85%，比较迫切的占37.07%；提升城区魅力与社会合力需要城市治理现代化的比例为89.27%，其中非常迫切的占50.73%，比较迫切的占38.54%。由此可以看出：发展愿景的实现迫切需要城市治理现代化。在受访者中对城市治理了解程度越高，对加强城市治理现代化建设以实现"城市，让生活更美好"、构建主城区"五大中心"、提升区域经济实力和产业活力、增强城区魅力与社会合力发展愿景的迫切性越强，如图4-2-1所示。

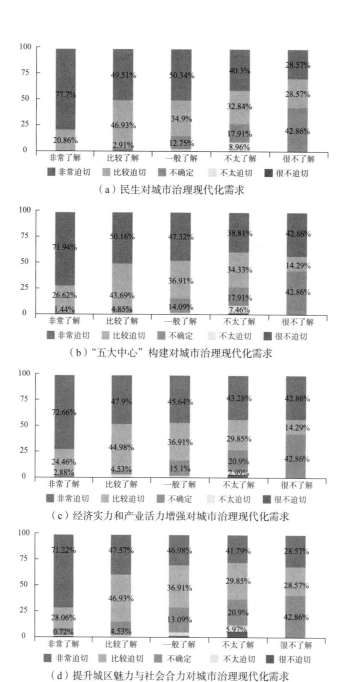

（a）民生对城市治理现代化需求

（b）"五大中心"构建对城市治理现代化需求

（c）经济实力和产业活力增强对城市治理现代化需求

（d）提升城区魅力与社会合力对城市治理现代化需求

图4-2-1　发展愿景对城市治理现代化的需求

二、城区现状对城市治理的需求

为了解城区现状对城市治理的需求，从四个方面进行调查：人口密度高、社区秩序管理难度大；老工业企业多、困难群体多；基础设施较为陈旧、承载能力不足；公共服务供给能力不足。具体调查结果分析如下（表4-2-2）：

城区现状对城市治理的需求　　　　　　　　表4-2-2

	人口密度高、管理难度大	老工业企业多、困难群体多	基础设施陈旧、承载能力不足	公共服务供给能力不足
非常迫切	56.59%	54.76%	58.9%	57.32%
比较迫切	34.27%	35.98%	32.56%	35.12%
不确定	7.8%	7.8%	6.71%	5.85%
不太迫切	1.1%	1.22%	1.59%	1.59%
很不迫切	0.24%	0.24%	0.24%	0.12%

可以看出目前辖区人口密度高、社区秩序管理难度大很需要城市治理的比例达90.86%，其中非常迫切的占56.59%，比较迫切的占34.27%；辖区内老工业企业多、困难群体多需要城市治理的比例为90.74%，其中非常迫切的占54.76%，比较迫切的占35.98%；辖区内基础设施较为陈旧、承载能力不足需要城市治理的占91.46%，其中非常迫切的占58.9%，比较迫切的占32.56%；辖区内公共服务供给能力不足需要城市治理的占92.44%，其中非常迫切的占57.32%，比较迫切的占35.12%。

在对受访者所居住小区的建设年代与辖区内基础设施陈旧、承载力与公共服务能力不足进行关联分析的基础上，得出如下结果：城市基础设施陈旧、承载能力、公共服务供给能力不足，辖区居民对城市治理现代化的需求很迫切，如图4-2-2所示。

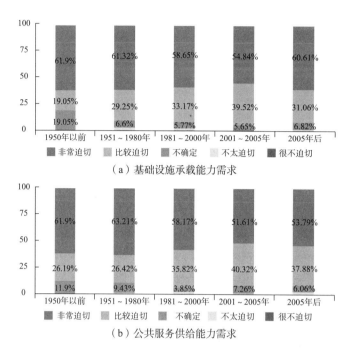

（a）基础设施承载能力需求

（b）公共服务供给能力需求

图4-2-2　居住区建成年代与基础设施承载、公共服务供给能力的需求分析

三、社会构成要素对城市治理的需求

为了解社会构成要素对城市治理的需求，本调查从以下四个方面展开：智库集群、党政机关、企业及个体工商业与个人发展。具体调查结果如下（表4-2-3）：

招才引智、打造智库集群，发展智库经济，推动产业结构升级需要进行城市治理的占88.04%，其中非常迫切的占52.8%，比较迫切的占35.24%；提升政府的社会公共服务能力需要政府在城市治理中发挥重要主导作用的占91.46%，其中非常迫切的占56.22%，比较迫切的占35.24%；从辖区内企业及个体工商业的发展角度看，需要进行城市治理的占89.52%，其中非常迫切的占50.98%，比较迫切的占38.54%；从个人的成长与发展对社会环境的需求看，认为需要进行城市治理的占90.49%，其中非常迫切的占52.32%，比较迫切的占38.17%。可以看出：绝大多数受访者（比如：政府机关事业单位负责人，约占60%；离

社会构成要素的提升与发展对城市治理的需求　　　表4-2-3

	智库集群	党政机关	企业及个体工商业	个人发展
非常迫切	52.8%	56.22%	50.98%	52.32%
比较迫切	35.24%	35.24%	38.54%	38.17%
不确定	9.63%	6.1%	7.68%	6.59%
不太迫切	2.07%	2.32%	2.44%	2.8%
很不迫切	0.24%	0.12%	0.37%	0.12%

退休人员，约占59.7%）认为城市治理的成效有助于辖区内企业、个体工商业与个人的成长与发展，迫切需要进行城市治理现代化建设，如图4-2-3所示。

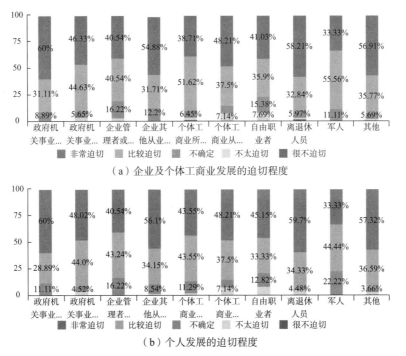

（a）企业及个体工商业发展的迫切程度

（b）个人发展的迫切程度

图4-2-3　不同职业关于城市治理对辖区内企业及个人发展迫切性分析

第三节 城市治理参与意愿

在对市北区城市治理参与意愿进行调查分析中，主要从辖区内各级党政组织、辖区内各企事业单位及其他社会组织、被调查市民及其身边亲友、同事、邻居等三个角度来进行问卷设计调查。

一、各级党政组织参与城市治理的作用

在各级党政组织方面，分别就是否应该发挥主导作用、是否应该倡导和鼓励社会各方力量参与、在城市治理中作用发挥的程度三方面进行了调查，具体调查结果如下（表4-3-1）：

受访者对各级党政组织在城市治理中的作用认识　　　　　表4-3-1

选项	发挥主导作用	鼓励社会各方力量参与	选项	作用的发挥程度
非常应该	55.24%	55.24%	非常好	39.88%
比较应该	34.51%	33.9%	比较好	39.02%
无法判断	7.8%	8.66%	一般	17.07%
不太应该	1.95%	1.59%	不太好	2.8%
很不应该	0.49%	0.61%	很不好	1.22%

调查显示，认为各级党政组织在城市治理现代化中发挥主导作用的占89.75%，其中，"非常应该"占55.24%，"比较应该"占34.51%；认为各级党政组织在城市治理现代化中应该鼓励社会各方力量积极参与的占89.14%，其中，"非常应该"占55.24%，"比较应该"占33.9%；认为目前各级党政组织在城市治理现代化中发挥较好作用的占78.9%，其中，"非常好"占39.88%，"比较好"占39.02%。由此可以看出，民众普遍认为现阶段的城市治理现代化建设需要由辖区各级党政组织发挥重要主导作用，并且要鼓励和支持社会各方力量

积极参与，让更多的市民更好地体会到城市治理的好处。目前，政府在城市治理现代化建设过程中所发挥的作用还有很大的提升空间。

由图4-3-1可以看出：受访者对城市治理的了解程度越高，对党政组织在城市治理中发挥主导作用及党政组织对社会各方参与力量激励的认识程度越强。因此，各级党政组织应加大城市治理现代化的宣传与推广力度，并进一步提高各级党政组织在城市治理中发挥作用的效果。

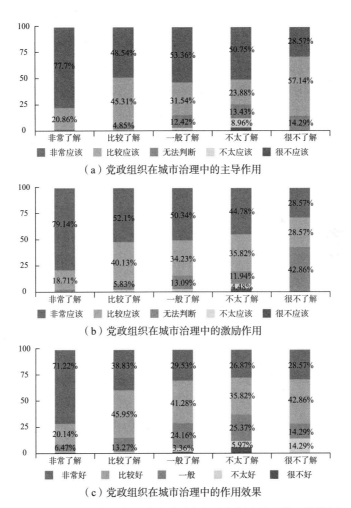

图4-3-1　受访者的了解程度和党政组织参与城市治理作用的认识

二、各企事业单位及其他社会组织的作用

在各企事业单位及其他社会组织方面，对受访者分别从各企事业单位及其他社会组织是否应该参与、是否应该支持其员工参与、是否应该鼓励员工亲友参与城市治理三个方面进行了调查，具体调查结果如下（表4-3-2）：

受访者对各企事业单位在城市治理中的作用认识　　表4-3-2

选项	参与城市治理	支持员工参与城市治理	鼓励员工亲友参与城市治理
非常应该	47.07%	47.32%	44.76%
比较应该	41.22%	39.39%	40.49%
无法判断	8.78%	10.37%	11.71%
不太应该	2.44%	2.32%	2.44%
很不应该	0.49%	0.61%	0.61%

调查显示，认为各企事业单位应该参与城市治理的占88.29%，其中"非常应该"占47.07%，"比较应该"占41.22%；认为各企事业单位应该支持员工参与城市治理的占86.71%，其中"非常应该"占47.32%，"比较应该"占39.39%；认为各企事业单位应该鼓励员工亲友参与城市治理的占85.25%，其中"非常应该"占44.76%，"比较应该"占40.49%。由此可以看出，大部分受访者认为辖区企事业单位及其他社会组织应该积极参与城市治理，并积极支持其员工及其亲友参与城市治理。

由图4-3-2可以看出：随着受访者对城市治理了解程度的加深，企事业单位应该参与城市治理，并积极支持鼓励各自员工及其亲友参与城市治理，加大对企事业单位、社会组织及其员工的城市治理宣传力度，进一步提高参与城市治理的认识程度，提高其自身参与城市治理的意愿。

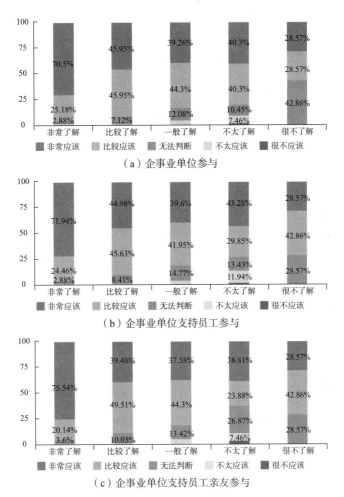

（a）企事业单位参与

（b）企事业单位支持员工参与

（c）企事业单位支持员工亲友参与

图4-3-2　受访者的了解程度和企事业单位参与城市治理作用的认识

三、受访者的参与意愿调查

在受访者个人方面，对受访者及其亲友、同事和邻居等是否愿意参与，受访者是否支持其亲友、同事、邻居等参与城市治理以及参与城市治理意愿的影响因素四个方面来进行了调查，具体调查结果如下（表4-3-3、表4-3-4）：

受访者及其亲友、同事、邻居等对城市治理的参与意愿　表4-3-3

选项	受访者认为亲友、同事、邻居等参与城市治理意愿	选项	受访者本人参与城市治理意愿	支持亲友、同事、邻居等参与城市治理意愿
大部分愿意	32.93%	非常愿意	44.02%	41.83%
部分愿意	45.24%	比较愿意	42.07%	39.63%
无法判断	4.15%	无法判断	8.54%	12.93%
少数人愿意	6.95%	不太愿意	4.63%	5.37%
没有人愿意	0.73%	很不愿意	0.73%	0.24%

调查显示，78.17%的受访者认为其亲友、同事、邻居等中大部分或者部分愿意参与城市治理，其中"大部分愿意"的占32.93%，"部分愿意"的占45.24%。受访者本人愿意参与城市治理的占86.09%，其中"非常愿意"的占44.02%，"比较愿意"的占42.07%。受访者本人愿意支持亲友、同事、邻居等参与城市治理的占81.46%，其中"非常愿意"的占41.83%，"比较愿意"的占39.63%。

参与城市治理的影响因素统计　　　　表4-3-4

选项	比例
个人时间精力	62.93%
家庭成员的支持	34.76%
居住辖区全民参与的氛围	29.88%
社会生态	24.02%
参与的便捷性	21.22%
辖区内社会综合治理水平	14.27%
参与后对本人的积极影响	13.41%
参与后的对本人负面影响	6.71%

由表4-3-4可以看出：受访者认为影响其参与城市治理的因素按频次由高到低依次为"个人时间精力"、"家庭成员的支持"、"居住辖区全民参与的氛围"、"社会生态"、"参与的便捷性"、"参与后对本人的积极影响"与"参与后对本人负面的影响"。由此可以看出，大部分受访者并不注重参与城市治理后对本人的影响，但个人时间精力和家庭成员的支持是影响其参与城市治理意愿的主要因素。

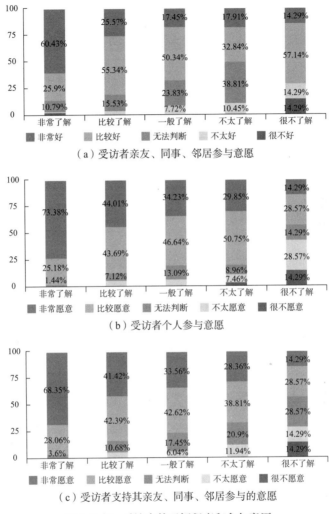

（a）受访者亲友、同事、邻居参与意愿

（b）受访者个人参与意愿

（c）受访者支持其亲友、同事、邻居参与的意愿

图4-3-3　受访者的了解程度和参与意愿

由图4-3-3可以看出：随着对城市治理了解程度的加深，受访者本人及其亲友、同事、邻居参与城市治理的意愿越高，也更愿意支持其亲友、同事、邻居参与。因此，应该加大对辖区居民个人的城市治理宣传力度，提高其认识程度及参与意愿。

第四节　城市治理参与行动

在对市北区城市治理参与行动进行调查分析中，主要从各级党组织关于城市治理组织体系、相关政策、网络平台建设的完善程度，各参与方在城市治理体系中发挥的作用，城市治理的相关政策对各参与方的激励作用，受访者关于城市治理网络信息平台的了解、使用及是否便捷等情况，各参与方协同行动的效果、各参与主体与发挥作用分析等六个角度来进行问卷设计调查。综合统计各辖区的调查问卷后，筛选出对市北区城市治理为非常了解、比较了解和一般了解的问卷，对该部分调查问卷按照以上6个角度进行调查结果分析（图4-4-1）。

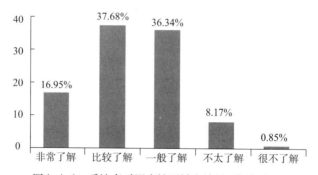

图4-4-1　受访者对调查辖区城市治理了解程度图

对调查辖区城市治理的了解程度为"一般了解"、"比较了解"、"非常了解"的总数为746份，了解程度为"不太了解"、"很不了解"的人员总数为74份。本部分在进行分析时以746份问卷内容作为数据来源，对"不太了解"以及"很不了解"的问卷不再进行分析。具体分析如下：

一、城市治理组织体系、相关政策、网络平台建设的完善程度分析

对各级党政组织在城市治理组织体系、相关政策、网络平台建设的完善程度三个方面进行了调查，具体调查结果如下（表4-4-1）：

组织体系、相关政策、网络平台建设的完善程度分析情况表　　　　表4-4-1

完善程度	组织体系	相关政策	信息化网络平台建设
非常完善	28.95%	30.29%	29.49%
比较完善	50.4%	47.99%	49.2%
一般	18.23%	18.23%	17.96%
不太完善	2.14%	2.68%	2.41%
很不完善	0.27%	0.8%	0.94%

调查显示，受访者认为组织体系完善的占79.35%，其中，"非常完善"的28.95%，"比较完善"的50.4%；认为相关政策完善的占78.28%，其中，"非常完善"的30.29%，"比较完善"的47.99%；认为信息化网络平台建设完善的占78.69%，其中，"非常完善"的29.49%，"比较完善"的49.2%。由此可见：大部分受访者认为党政组织倡导的城市治理组织体系还是相对完善并较为认可；大部分受访者认为党政组织在城市治理方面的相关政策较为完善，对城市治理方面的相关政策也较为满意；大部分受访者认为被调查的辖区关于城市治理的信息化网络及平台建设相对比较完善。但是组织体系、相关政策的完善及信息化网络平台建设的完善程度均不足80%，还有待于进一步的完善和改进。

二、各参与方在城市治理组织体系中发挥的作用情况分析

对各参与方在城市治理组织体系中发挥的作用从各级党政组织、企事业单位与其他社会组织、个人三个方面进行了调查，具体调查结果如下（表4-4-2）：

各参与方的作用情况统计表　　　　表4-4-2

发挥作用	各级党政组织	企事业单位、其他社会组织	个人
非常好	30.16%	27.61%	27.61%
比较好	47.45%	43.7%	45.17%
一般	17.83%	22.52%	22.12%

续表

发挥作用	各级党政组织	企事业单位、其他社会组织	个人
不太好	3.49%	4.96%	4.56%
很不好	1.07%	1.21%	0.54%

　　调查显示，受访者认为城市治理组织体系中各级党政组织发挥作用很好的占77.61%的，其中"非常好"的30.16%，"比较好"47.45%；认为城市治理组织体系中企事业单位及其他社会组织发挥作用很好的占71.31%，其中"非常好"的27.61%，"比较好"的43.7%；认为城市治理组织体系中个人发挥作用很好的占72.78%，其中"非常好"的27.61%，"比较好"的45.17%。由此可以看出：大部分受访者认为各级党政组织、企事业单位及其他社会组织、个人在城市治理组织体系中发挥了较为有效的作用，但仍有很大提升其效用的空间。企事业单位及其他社会组织在城市治理中应与各级党政组织加强沟通联系，实行多部门、多组织联合治理，更加充分地发挥其在基层群众中的带头作用。

三、相关政策对参与方的激励作用分析

　　相关政策对参与方的激励作用从各级党政组织、企事业单位与其他社会组织、个人三个方面进行了调查，具体调查结果如下（表4-4-3）：

相关政策对参与方的激励作用情况　　　　　　表4-4-3

激励作用	各级党政组织	企事业单位、其他社会组织	个人
非常好	28.82%	30.56%	28.02%
比较好	47.86%	43.43%	46.65%
无法判断	17.96%	19.44%	16.35%
不太好	4.69%	5.23%	6.84%
很不好	0.67%	1.34%	2.14%

　　调查显示，相关政策对党政组织的激励作用中，有76.68%的受访者认为城市治理的相关政策对党政组织有比较好及以上的激励作用，其中，"非常好"

与"比较好"的分别占28.82%、47.86%；对企事业单位及其他社会组织的激励作用中，有74.99%的受访者认为城市治理的相关政策对企事业单位及其他社会组织有比较好及以上的激励作用，其中，"非常好"与"比较好"的分别占30.56%、43.43%；对个人的激励作用中，约有74.67%的受访者认为城市治理的相关政策对个人有比较好及以上的激励作用，其中，"非常好"与"比较好"的分别占28.02%、47.65%。由此可以看出：城市治理的相关政策对党政组织、企事业单位及其他社会组织、个人均具有一定的激励作用，各级党政组织应进一步完善相应政策建立更好的激励机制，从而激励社会各方共同参与城市治理。

四、网络信息平台的了解、使用及是否便捷等情况分析

对受访者关于网络信息平台的了解程度、使用情况、便捷程度三个方面进行了调查，具体调查结果如下（表4-4-4）：

网络信息平台的了解、使用及是否便捷的情况统计表　　　　表4-4-4

对网络信息平台的了解程度		对网络信息平台的使用情况		网络信息平台的便捷程度	
非常了解	27.75%	经常使用	28.28%	非常方便	26.27%
比较了解	48.26%	比较常用	40.21%	比较方便	45.17%
一般	17.69%	一般应用	21.31%	一般	22.92%
不太了解	5.23%	偶尔使用	3.49%	不太方便	3.62%
从未听说过	1.07%	从未使用	6.7%	很不方便	2.01%

调查显示，受访者对目前城市治理网络信息平台很了解的占76.01%，其中"非常了解"的27.75%，"比较了解"的48.26%；对城市治理网络信息平台较常使用的占68.49%，其中"经常使用"的28.28%，"比较常用"的40.21%；认为城市治理网络信息平台应用很方便的占71.44%，其中"非常方便"的26.27%，

"比较方便"的45.17%。由此可以得出：网络信息平台的普及与应用情况良好，各受访者认为其在一定程度上带来了参与上的便利。

为了进一步了解不同年龄的人员、不同行业人员对城市治理的网络信息平台的了解、使用情况和便携程度的情况，现对以上两方面分别做关联分析，如图4-4-2和图4-4-3所示。

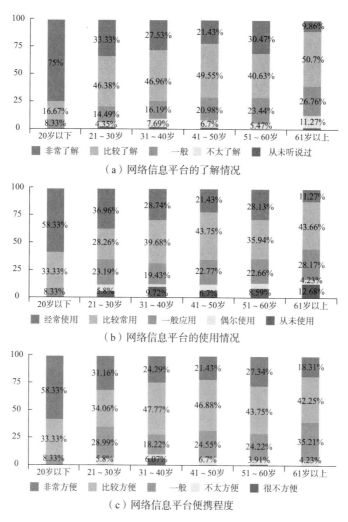

（a）网络信息平台的了解情况

（b）网络信息平台的使用情况

（c）网络信息平台便携程度

图4-4-2　受访者年龄与网络信息平台的关联分析

　　由图4-4-2可以看出：关于网络信息平台的了解情况在较为年轻的受访者
中所占的比例较大，而随着年龄的增长，越来越多的人缺少对网络信息平台的
了解和使用。因此，在以后的城市治理工作中，还需要进一步加强对网络信息
平台的应用与推广，使其适用于各个年龄段的人。与对信息平台的了解程度及

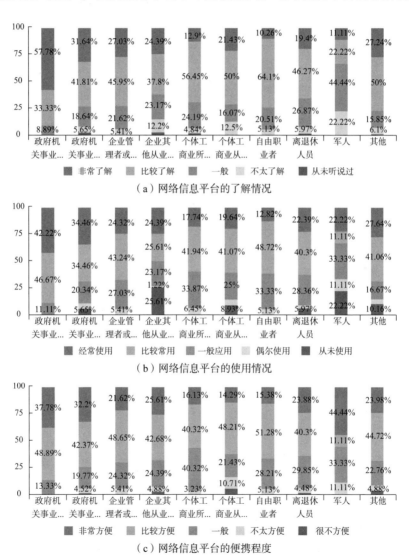

（a）网络信息平台的了解情况

（b）网络信息平台的使用情况

（c）网络信息平台的便携程度

图4-4-3　受访者的职业与网络信息平台的关联分析

使用情况相同，受访者的年龄与其所了解到网络信息平台的便携程度也有着相似的变化。不同于前者的是，年龄较大的受访者虽然对于网络信息平台缺乏实际的应用甚至了解，但是对于其便携程度还是普遍呈现出较为乐观的态度。因此，在对网络信息平台进行推广时还需要对年龄较长者进行必要的培训，使其更加熟练地通过网络信息平台参与到城市治理之中。

由图4-4-3可以看出：目前网络信息平台在党政机关、事业单位中有着较为广泛的了解和应用，但网络平台的推广还需要进一步加强，这不仅需要政府部门，还需要企事业单位及其他社会组织甚至个人的不断努力，将城市治理的网络信息平台真正的推广到全社会的各行各业。大部分职业的受访者认为网络信息平台在城市治理工作中较为方便甚至非常方便。

五、市北区城市治理各参与方协同效果分析

对受访者关于市北区城市治理各参与方协同效果进行了调查，具体调查结果如下：

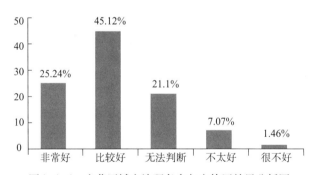

图4-4-4　市北区城市治理各参与方协同效果分析图

从图4-4-4中可看出：市北区在城市治理中，各参与主体协同效果选择"非常好"和"比较好"的占比为70.36%，其中"非常好"的25.24%，"比较好"的45.12%。总体来看，市北区在城市治理中积极践行跨部门、跨领域的综合协同管理，并且已取得了较好的效果。

六、主要参与方的构成及发挥作用分析

对受访者关于参与市北区城市治理工作的主要参与方进行了调查，具体调查结果如下：

市北区城市治理工作的主要参与方统计　　　　表4-4-5

选项	比例
街道办事处	74.8%
居民委员会	58.58%
区级党政组织及相关部门	49.87%
社区党组织	49.46%
物业管理公司	31.37%
小区业主委员会	25.47%
辖区的企事业单位及其他社会组织	16.49%
社区居民	14.88%
社区中介服务组织	10.32%
其他	2.82%

由表4-4-5可以看出：受访者认为市北区城市治理工作的主要参与方按频次所占的比例由高到低前五位依次为：街道办事处（74.8%）、居民委员会（58.58%）、区级党政组织及相关部门（49.87%）、社区党组织（49.46%）、物业管理公司（31.37%）。因此，从提高全社会参与城市治理的视角来看，应该进一步提高街道办事处、居民委员会、区级党政组织及相关部门、社区党组织、物业管理公司参与度的同时，还应不断增强辖区的企事业单位及其他社会组织、社区居民、社区中介服务组织、小区业主委员会的参与度，进而实现"全员参与"。

对受访者进行了关于参与城市治理应发挥作用主体的调查，具体调查结果如下：

参与城市治理应发挥作用的主体统计　　　　表4-4-6

选项	比例	
街道办事处		69.71%
区级党政组织及相关部门		63.81%
居民委员会		52.14%
社区党组织		44.77%
物业管理公司		40.62%
小区业主委员会		31.64%
辖区的企事业单位及其他社会组织		23.46%
社区居民		18.5%
社区中介服务组织		14.48%
其他		2.95%

　　由表4-4-6可以看出：受访者认为参与市北区城市治理应发挥作用的主体按其频次所占的比例由高到低前五位的分别是：街道办事处（69.71%）、区级党政组织及相关部门（63.81%）、居民委员会（52.14%）、社区党组织（44.77%）以及物业管理公司（40.62%）。因此，在上述部门和单位提高参与城市治理应发挥主体作用的同时，还应进一步提高辖区的企事业单位及其他社会组织、社区居民、社区中介服务组织、小区业主委员会的主体作用，进而实现"共管共治"。

第五节　城市治理满意度

　　在对在对市北区城市治理满意度进行调查分析中，主要从受访者对市北区城市治理的总体满意度、政府现有的民生保障效果满意度、其他社会组织及辖区居民所承担社会责任总体评价、城市治理近5年来的改善情况、关于城市治理问题的反映及反馈情况、城市治理的基层参与者近5年来的工作满意度、人民的幸福感和公平感以及媒体监督的有效性等方面来进行问卷设计调查。具体的调查结果统计及相关分析如下：

一、总体满意度分析

对受访者关于市北区城市治理的总体满意度进行了调查，具体调查结果如下：

受访者的总体满意度统计　　　　　　　　　　表4-5-1

选项	比例
非常满意	26.71%
比较满意	51.22%
一般	16.59%
不太满意	4.02%
很不满意	1.46%

由表4-5-1可以看出：受访者对市北区的城市治理工作比较满意及非常满意的占77.93%，一般满意的占16.59%，不太满意及很不满意的占5.48%。由此可见，绝大部分受访者对所在辖区的城市治理工作都是相对满意的。

二、现阶段民生保障方面的满意度

为了对市北区现阶段民生保障效果的满意度进行统计分析，分别从建立和完善权益保护、公共服务、社会保障、公共安全、社会稳定、应急管理、基层治理、社会自治等方面进行调查，具体的调查结果如下：

现阶段民生保障方面的满意度统计　　　　　　表4-5-2

选项	权益保护	公共服务	社会保障	公共安全
非常满意	26.1%	26.22%	25.98%	25.98%
比较满意	48.9%	49.76%	52.07%	49.76%
一般	19.88%	18.9%	16.71%	19.39%
不太满意	3.54%	3.9%	3.54%	2.8%
很不满意	1.59%	1.22%	1.71%	2.07%

选项	社会稳定	应急管理	基层治理	社会自治
非常满意	25.85%	24.39%	26.34%	26.95%
比较满意	52.93%	51.83%	48.29%	47.8%
一般	7.44%	19.15%	19.39%	19.63%
不太满意	2.56%	3.41%	3.78%	4.27%
很不满意	1.22%	1.22%	2.2%	1.34%

由表4-5-2可以看出，75%左右的受访者对城市治理的民生保障较为满意，这说明，近年来市北区关于社会自治、基层自治、应急管理、社会稳定、公共安全等方面已经取得了一定的成效。但是，在上述民生保障的各个方面还仍需进一步改善。

三、非政府组织及辖区居民的社会责任评价

对受访者关于社会责任的评价分别从企事业单位、其他社会组织与社区居民进行了调查，具体调查结果如下：

非政府组织及辖区居民的社会责任评价　　　　表4-5-3

选项	企事业单位及其他社会组织	社区居民
非常好	23.9%	25.61%
比较好	45.61%	46.95%
一般	23.17%	21.46%
不太好	5.85%	4.63%
很不好	1.46%	1.34%

由表4-5-3可以看出：受访者对非政府组织所承担的社会责任评价较好的占69.51%，其中，"非常好"的23.9%，"比较好"的45.61%。受访者对辖区居民所承担的社会责任评价较好的占72.56%，其中，"非常好"的25.61%，"比较好"的46.95%。由此可见，市北区非政府组织及辖区居民在承担社会责任方面取得了一定的成果。

四、近5年来城市治理的改善情况

对受访者关于近5年来城市治理的改善情况分别从的评价分别从社会治安、公共秩序、文化建设、公共卫生与生活环境以及各级政府相关部门的公共服务能力进行了调查，具体调查结果如下：

近5年来城市治理各方面改善情况　　　　表4-5-4

选项	文化建设	公共卫生与生活环境	公共服务
提升很大	27.2%	29.51%	27.44%
提升比较大	50.61%	49.39%	48.17%
一般	18.17%	16.95%	19.27%
提升不太大	3.17%	2.93%	3.78%
没有提升	0.85%	1.22%	1.34%

续表

选项	社会治安	公共秩序
改善很大	28.9%	27.8%
改善比较大	51.22%	48.66%
一般	15.98%	20%
改善不太大	2.8%	2.68%
没有改善	1.1%	0.85%

通过表4-5-4可以看出：在社会治安方面，认为改善较大的占80.12%，其中，改善很大的占28.9%，改善比较大的占51.22%；在公共秩序方面，认为改善较大的占76.46%，其中，改善很大的占27.8%，改善比较大的占48.66%；在文化建设方面，认为提升较大的占77.81%，其中，提升很大的占27.2%，提升比较大的占50.61%；在公共卫生与生活环境方面，认为提升较大的占78.90%，其中，提升很大的占29.51%，提升比较大的占49.39%；在各级政府部门的公共服务方面，认为提升较大的占75.61%，其中，提升很大的占27.44%，提升比较大的占48.17%。由此可见，受访者普遍认为近五年来所在社区的社会治安、公共秩序、文化建设、公共卫生与生活环境、公共服务能力都有一定的改善与提升，这充分说明辖区各级党政组织、企事业单位及其他社会组织在城市治理中发挥了较大作用，也取得了一定的成效。

五、市民反映的问题处理及反馈

问题的反映及反馈是城市居民参与城市治理的重要手段，问题反映渠道是否畅通以及问题处理反馈结果是否及时是衡量城市居民参与城市治理效果的重要指标之一。在此，对市北区城市治理中关于城市居民的问题反映渠道及处理反馈情况进行了调查，具体调查结果如下：

市民反映的问题处理及反馈　　　　　表4-5-5

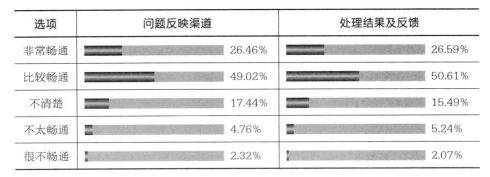

选项	问题反映渠道	处理结果及反馈
非常畅通	26.46%	26.59%
比较畅通	49.02%	50.61%
不清楚	17.44%	15.49%
不太畅通	4.76%	5.24%
很不畅通	2.32%	2.07%

通过表4-5-5可以看出：受访者认为城市治理中存在的问题反映渠道畅通的占75.48%，其中，非常畅通的26.46%，比较畅通的49.02%；处理结果及反馈畅通的占77.20%，其中，非常畅通的26.59%，比较畅通的50.61%。由此可见，在城市治理过程中，大部分受访者认为问题的反映渠道、处理结果及反馈较为畅通，进一步表明市民能够有效地参与到城市治理中来。

六、受访者对城市治理基层参与者的满意度

在对受访者关于城市治理基层参与者的满意度评价分别从社区领导、社区网格员、社区楼长与居民社会公德意识四个方面进行了调查，具体调查结果如下：

受访者关于城市治理中基层参与者的工作满意度　　　表4-5-6

选项	社区领导	选项	社区网格员
非常满意	37.32%	非常满意	36.1%
比较满意	49.15%	比较满意	48.78%
不清楚	9.76%	不清楚	11.34%
不太满意	3.17%	不太满意	3.05%
很不满意	0.61%	很不满意	0.73%

续表

选项	社区楼长	选项	居民社会公德意识
非常满意	34.76%	提高很大	28.05%
比较满意	51.95%	提高比较大	52.68%
不清楚	10.49%	一般	14.51%
不太满意	2.56%	提高不太大	3.54%
很不满意	0.24%	没有提高	1.22%

由表4-5-6可以看出：受访者对社区领导治理工作满意的占86.47%，其中非常满意的37.32%，比较满意的49.15%；受访者对社区网格员治理工作满意的占84.88%，其中非常满意的36.1%，比较满意的48.78%；受访者对社区楼长治理工作满意的占86.71%，其中非常满意的34.76%，比较满意的51.95%；受访者认为居民社会公德意识有所提高的占80.73%，其中提升很大的28.05%，提升比较大的52.68%。由此可见，社区领导、网格员和楼长在基层社区治理中发挥了很好的作用，而且基层社区治理工作的良好开展进一步促进了居民社会公德意识的提升。

七、市民幸福感

幸福感通常来自拥有一份好工作、好收入、好环境、好心情、好身体等。据此对市北区的市民幸福感进行了调查，具体调查结果如下：

受访者的幸福感统计 表4-5-7

选项	比例
非常幸福	29.76%
比较幸福	49.51%
一般	17.07%
不幸福	2.93%
说不清楚	0.73%

由表4-5-7可以看出：受访者认为幸福的占79.27%，其中，比较幸福的49.51%，非常幸福的29.76%。由此可知，在本次的调查中，大部分受访者的幸福感较好。

八、城市居民的公平感

公平感通常来自于收入分配较为公平、能够通过自己的努力改善自己的地位待遇、不收他人歧视和排斥、享有同等的权利并受到政府和司法机关的公平对待。据此对市北区市民的公平感进行了调查，具体调查结果如下：

受访者的公平感统计　　　　　　　　　　　表4-5-8

选项	比例
非常公平	23.54%
比较公平	48.54%
一般	17.68%
不太公平	7.44%
很不公平	2.8%

由表4-5-8可以看出：受访者认为幸福的占72.08%，其中非常公平的23.54%，比较公平的48.54%。由此可知，在本次的调查中，大部分受访者感到比较公平。

九、媒体监督的有效性

媒体监督的有效性主要表现为人们通过新闻媒体包含互联网等新媒体反映的问题、提出的意见和建议得到政府的重视和相应，反映的问题得到解决，提出的意见和建议得到政府的回复和采纳。对受访者关于媒体监督在城市治理中的有效性进行了调查，具体调查结果如下：

受访者对媒体监督有效性分析 表4-5-9

选项	比例
非常有效	24.51%
比较有效	49.88%
一般	20.49%
不太有效	3.66%
无效	1.46%

由表4-5-9可以看出：受访者认为媒体监督在城市治理中有效的占74.39%，其中非常有效的24.51%，比较有效的49.88%。由此可见，媒体监督对在城市治理过程中的问题反映具有较大的有效性。

十、参与社会管理的满意度

人们参与社会管理的满意度主要来自大家有渠道、有机会向党和政府反映自己的利益诉求，有途径维护自己的合法权益，同势反映的诉求、维权的合理要求得到了很好的满足。对受访者关于参与社会管理的满意度进行了调查，具体调查结果如下：

市民参与社会管理的满意度分析 表4-5-10

选项	比例
非常满意	25.73%
比较满意	52.8%
不清楚	15.49%
不太满意	4.76%
很不满意	1.22%

由表4-5-10可以看出，受访者对市民参与社会管理满意的占78.53%，其中非常满意的25.73%，比较满意的52.8%。由此可见，受访者对市民参与社会管理的合理诉求得到了一定的满足。

十一、市民热点难点问题、待解决的急事要事的满意度

对辖区内各级党政组织处理群众热点难点问题、待解决的急事要事的满意度进行了调查，具体调查结果如下：

市民热点难点问题、待解决的急事要事的满意度　　　　　表4-5-11

选项	比例
非常满意	29.15%
比较满意	52.32%
不清楚	13.05%
不太满意	4.63%
很不满意	0.85%

由表4-5-11可以看出，受访者对辖区内各级党政组织处理群众热点难点问题、待解决的急事要事满意的占81.47%，其中非常满意的29.15%，比较满意的52.32%。由此可见，各级党政组织在处理群众反映的问题上取得了一定的成绩，得到了大部分群众的认可。

第五章

青岛市市北区城市治理的
问题分析

制约因素是影响社会发展进步的要件，克服这种制约因素才能真正推动社会发展进步。城市治理也是如此，适应青岛国际化城市的发展，在城市治理现代化征程中市北区城市治理创新发展取得了显著成就，但是在社会深刻转型的背景下也面临一些制约因素和发展瓶颈，这正是市北区打造智慧城市推进城市发展必须重视和加以解决的重要问题。

第一节　城市治理制度设计

城市治理长效化和程序化的实现，源于城市治理制度化。没有城市治理的制度化，长期来看城市治理难以得到实效，如果有所成效，那也只是暂时的。市北城市治理在实践中取得明显成效，大家有目共睹，与过去相比获得实质性的进展，但是随着国际化城市的推进，市北在新一轮城市布局当中有所新担当，市区布局的结构性及带来新的发展机遇，同时这种调整也带来现行城市发展的一些挑战，严重影响城市治理的可持续性发展。

一、城市治理制度设计的系统性有待提升

制度的设计都有遵循制度设计的一般规律，离开抑或放弃本应该遵循的制度规律，那么这种制度设计难以达到实效，往往由于制度设计脱离多数的关心而导致制度虚置。造成这种现象的原因固然很多，但是主要原因在于制度碎片化，即制度决策、制度执行与制度监督等诸多环节孤立而为，缺乏有机统一。城市治理制度的设计，缺乏城市治理制度的执行考虑，同时缺少城市治理制度监督的重要环节。那么，在这种背景下，城市治理制度设计就会出现片面化，往往由于缺乏制度监督环节，而导致制度执行不力。一个制度执行不力的城市治理，在城市建设当中能够发挥何种价值和作用，值得大家深思。所以沿着制

度建设一般规律的要求来深刻思考当前城市治理制度建设面临的困境，显而易见是要规避制度设计的碎片化，即要注重城市治理制度建设过程中监督的重要作用。在当前城市治理制度化及其现代化进程中，监督发展具有十分重要的作用，这种作用集中体现在监督提高城市治理制度的执行力。

虽然我国出台了一系列关于扩大公民有序政治参与的重要文件，但是这些规定和阐述在实践中缺乏配套的、可操作的、体系化的制度设计，政策细化和完善的速度与公民参与积极性增长速度不相匹配。事实上，由于城市治理的制度设计的有限性，导致缺乏公民参与的整套体系和具体机制，使得公民参与城市治理制度性供给不足，尽管在一些听证、电子政务、民意调查、热线电话等方面有所体现，然而在事实层面上已经部分地阻碍了城市的健康有序发展。[①]为此，在市北城市治理制度设计当中要充分注重群众参与的作用，打造阳光市北，让智慧市北点亮青岛城市治理制度化的明灯，为市北城市治理制度设计保驾护航。比如，加强区域交通建设方面，即墨路街道因辖区内有邮轮母港建设项目，同时由于区域内一些大型住宅区车位规划不合理等原因，存在区域内交通压力非常大的困境。比如，自上而下城市目标管理责任制有待完善，城市管理目标难以层层分解到每一个管理环节和每一个管理者，市、区、街道、社区难以有效层层分解责任。比如，城市管理社会参与机制有待完善，政府主导，营利组织、非营利组织和社会公众共同参与的城市管理机制亟须进一步加强，市民难以在决策、执法、监督全过程参与城市管理，市民参与往往体现在参与城市的一些管理，难以实现全面的参与，及其难以参与到决策的制定过程中，往往体现为一种被动的管理，不能体现为一种合作式的战略规划。再如，城市管理市场化运作机制有待完善。城市治理难以引入市场化、社会化服务。来自社会各个阶层、各个领域的人民难以通过培训的方式让他们融入社会和市场，帮助实现治理现代化的目标。由于市民难以参与社区治理，并且在社区治理当中难以建立起以市民为基础的组织，所以城市管理者与市民之间难以建立起合作互信的关系。

---

① 马海韵，华笑. 当前我国公民有序参与城市治理的困境及消解［J］. 江西财经大学学报，2016（2）：107-113.

二、城市治理制度设计的程序性有待完善

城市治理是市区建设的主体性工程，城市治理的好，市区建设治理的也就好，反之亦然。所以城市治理的制度设计，是整个市区整体性建设的重要展现，是区委区政府治理城市的集中体现。加强制度设计，保证公民参与城市治理有章可循，政府加强公民参与城市治理的制度设计，具有推进公民参与的其他形式所不可比拟的优势。官方制度设计，一是权威性，正式而严谨，还可运用法律手段强制保障制度的实施跟进；二是效率高，政府掌握的社会资源丰富，通过制度设计能够迅速建立健全有效的公民参与机制；三是有利于政府自身的成长完善，通过公民参与的制度设计，有利于推进政府自身在职能定位、民主意识、治理目标等方面的观念更新和理念转变。由此，官方制度设计是公民参与城市治理的具体渠道保障，应构建和完善各种有利于公民参与城市治理的短期和长效制度。具体的长效制度建设可包括选举制度、公示制度、听证制度等，另外可配合一定的社情民意反映制度来保障长效机制的实现，如设立公众接待工作日、开通热线电话、媒体观察制度、电子政务制度、舆情回应制度、法律保障等。①

城市治理作为政府行为，受制于区委作为党委的行为。在城市治理的结构性调整中，党委决策起到决定性作用，实践证明在党委制定制度框架内，政府可以实施执行举措，创新城市治理现代化的方式方法。在党委决策、政府执行的理论框架下，城市治理制度建设也要遵循政党治理与城市治理的关系，要坚定不移以政党治理现代化推进城市治理现代化。所以市北城市治理制度的设计要从单纯城市治理设计的单项运行中转向政党治理与城市治理协同发展，严格按照政党治理到城市治理的程序推进城市治理制度设计科学化。市北城市治理的实践表明区域化党建搞到好的地方，城市治理制度设计就比较顺畅，区域化党建不能落实的地方，城市治理制度设计执行乏力，形同虚设。城市治理的程序性，简而言之就是在城市街道社区区域化党建要走在城市治理前面，在城市街道社区建设当中，区域化党建发挥框架性功能，没有这个主体性框架的构建，

① 马海韵，华笑. 当前我国公民有序参与城市治理的困境及消解 [J]. 江西财经大学学报，2016（2）：107-113.

城市治理制度化的设计也就失去了必要的前提条件。这正是市北城市治理制度设计应该关注和遵循的问题。比如，"社区制"取代"单位制"以来，在一定程度上社区居委会面临着严重的制度性困境，其集中表现为程序性的"行政化困境"。随着区域化党建的推进，社会重心逐步下移，政府部门工作下沉到社区，社区居委会成为解决社区诸多问题的承载力，为此在实际运行中社区居委会成了街道居委会下面的一级政府机构，成为街道的"腿"，承担大量繁重的行政性管理工作，严重束缚了社区干部的手脚，使得社区干部无法考虑如何为社区居民群众办实事办急事，最终导致社区居委会不堪重负、功能错位。同时在破解社区行政化困境的过程当中，容易导致另外一种倾向即社区居委会被"边缘化危机"。通过建立"社区工作站"的方式方法来履行下沉到社区的行政事务，从而让居委会腾出更多精力履行自治职责。但是，不可置疑的是当居委会的行政事务管理职能被剥离之后，居委会的地位迅速下降，甚至被边缘化，居委会干部一下子感到无所事事，有明显的失落感。同时"社区工作站"增加了行政的成本，并没有增加社区的自组织能力。

三、城市治理制度设计的创新性有待提高

创新是制度生命，一个制度缺乏创新，从长期来看也就意味在终结。无论是制度系统性建设，还是制度程序性建设都受制于时代的发展，时代变化，制度创新。一个城市治理制度设计凸显人民中心的发展理念，必须以创新为基本基因，让创新成为城市治理现代化的血脉。一般而言，人民的需要是一个发展变化的过程，正是在这种变化的需求中体现出制度创新的时代价值。随着城市化进程加快和社会需求日益增长，城市治理结构创新问题显得尤为重要。当前市北城市治理制度创新在推进，适应青岛市"三创"的发展需要，在城市治理的诸多方面与时俱进创新发展，提成许多城市治理制度创新的新思想、新理念和新举措，可以说达到一种新境界。相对以前来讲固然成绩斐然，但是与其他市区相比和国外重要的国际性城市相比还是有所差距，有了差距，既是问题，也是深化发展的动力。创新固然重要，其实更重要的不是创新的形式，而是创

新的内容。这也是市北城市治理制度设计的重要战略问题，抓不住内容的创新只是一种形式，严重将会导致形式主义，影响整体城市发展。推进制度创新的实质性发展关键在于深入群众，拜群众为师，在基层找问题，到群众找原因，向组织讲对策。基层是城市治理制度创新的支点，群众是城市治理制度创新的主体。所以在城市治理制度设计中必须尊重制度内容的创新，着力实现组织创新与群众创新的统一，学会在于群众打交道中推进制度创新。所以市北城市治理制度设计必须注重基层社区群众的创新动力，改变过去单纯依靠自上而下的力量推进城市治理制度建设的模式。这也正是当前城市治理制度建设亟待解决的现实问题。一般而言没有稳定的情感认同和交往合作的人群不能算作社区，真正的社区是一个共同体，即生活共同体、社会共同体、精神共同体、文化共同体。不可置疑，制度设计创新力的缺乏，容易导致社区认同和居民参与严重不足，带来"共同体困境"，即政府在唱"独角戏"——当前有些社区建设在相当大程度上还停留在政府自上而下运动式的单向推动，社区居民的归属感不强、参与性不高。

第二节　城市治理行动主体

城市治理行为主体是城市治理主导性问题，是城市治理现代化的决定性因素。在全面深化改革的新形势下，城市治理行为主体呈现多元化的趋势，顺应这种趋势城市治理就会取得积极性发展，反之亦然。当前市北城市治理主体呈现多元化取向，但是在多元主体共治当中呈现出一些亟须解决的问题。

一、城市治理党委、政府行动中心模式的困境

在城市治理"一核多元"的模式当中，"一核"主要体现为党的领导和政府

负责，在城市社区治理活动当中，党委政府推动是最大动力和特色。这样就难免导致党委、政府行为中心模式的形成，导致自上而下的封闭式治理，基层社区治理的动力难以自下而上促进社区治理的发展。这样一来，一方面政府陷入"供给能力不足"和"供给效率低下"困境，另一方面增强了民众对政府的长期被动依赖。^①源于上层主导的城市治理有其发展的效力，容易在短期内到达意向的效果，但是这种效果的实效性难以衡量。长期来看，这种发展必定导致城市治理创新力量的枯竭，因为创新的力量源于基层。可以预见的是，一个缺乏基层创新的城市治理必将导致城市生命力难以长期为续。

当前，市北区城市治理一方面突出党委政府的主导功能，推进城市治理取得显著成效，推进城市治理思想、制度与信息手段的统一，提升了市北城市治理生命力；另一方面市北区城市治理多元治理中党委、政府行动中心模式导致居民议事会、居委会、驻社区企事业单位、社会组织等发挥作用的创新能力。所以长期来看市北区城市治理党委、政府行动中心模式的治理不利于基层社区治理的创新，难以适应社会治理现代化的需要。应该更加凸显居民议事会、居委会、驻社区企事业单位、社会组织等多元的力量，借力推进城市治理现代化的发展。当前社区、社会组织和社会工作者密切发展的"三社联动"亟须大力推进。不可置疑"三社联动"作为"一核多元"模式的主要表现形式在推进城市社区治理现代化进程中发挥重要功能，一方面社区居委会组织发动居民积极参与社区事务管理和社区各类活动，一方面社区社会组织为社区居民提供多元化社会服务，一方面专业社工深入介入社区建设各个领域，共同建设幸福社区。但是不同程度存在一些矛盾和问题，比如，社区队伍建设职业化、专业化水平有待提升。有些社工在社区治理中的角色意识不强，社区治理知识更新的程度和水平难以满足社区居民的需要，掌握社区治理方式方法与社区治理能力水平不匹配，适应本土发展的专业素养不强，理论知识和本土工作环境难以相结合。比如对社会工作、社会工作者的认知度不高，对社会工作者的角色定位模糊，接纳度低，支持力度小，考核力度不强，工资待遇不高，没有为专职社区工作

---

① 陈娟. 复合联动：城市治理的机制创新与路径完善——基于杭州市上城区的实践分析 [J]. 中共浙江省委党校学报，2014，30（2）：23-29.

人员提供稳定的、与其贡献相匹配的报酬，向上流动机制不畅通，诸多问题严重影响社会工作者的工作热情和服务质量。

二、城市治理社会组织发育不全

城市社区治理的实现必须以一定的社会组织为依托。社会组织是衡量城市治理现代化的重要指标，也是城市治理现代化的重要力量。随着社会主义市场经济的发展原来计划经济条件下的"单位人"被现有的"社会人"替代，"社会人"更加凸显信息、资源的横向流通，为此才能加速社会发展的步伐，推进社会治理现代化的进程。在这种背景下，社会组织就会应运而生，遵循这种发展规律，就会推进城市治理的发展，社会组织不健全就会阻碍城市治理现代化的发展。当前市北区在社会组织培养方面亟需加大力度，让社会组织更具有独立性和公信力。不可置疑，在社会组织发展过程当中一些社会组织缺乏相对独立性和公信力，难以适应当前城市治理现代化的需要。比如，有的社会组织缺乏资金来源抑或单一、薄弱，依靠政府输血，勉强度日，致使社区现阶段发展所需要的资源过度依赖政府，独立自治能力缺失，社区治理和服务效果不够理想，开展社区服务缺乏针对性，难以参与到多元主体城市治理网络中去。再如，政府部门和城市公民对于社会组织多抱有不信任的态度，政府部门甚至认为社会组织的壮大会削弱自身影响力，威胁自身地位，缺乏官方的真心厚爱和政策支持。社会组织登记条件、准入门槛过高，难以实质性重点培育发展公益慈善、群众性文体活动社区社会组织，社区养老服务站、未成年人保护中心、残疾人康复站、社区文体协会等社区重点社会组织服务平台难以搭建。对有影响、有凝聚力的社会组织重点扶持力度不足，服务组织协调能力有待提升。

各主体在社区治理参与过程中的离散性与协调不足，除了参与程度和涉及社区利益的层次性外，在主观上主要体现为普遍的参与不足和个别的参与过度。多数治理主体的实际参与程度与社区治理和社区建设对其参与的应然要求存在明显差距。在特定情况下，也存在参与过度的情况，如一些社区业主委员会在初成立时与物业管理机构的尖锐斗争等。从分散治理向协同治理转变，需要依据各主体参与社区治理的客观特点，通过有效的协调，使不同频次、不同程度的参与活动有序衔接起来，激发参与动力，形成参与社区治理的持续效应。[①]虽然已建立社会组织孵化实践基地，但是专家指导、能力培训等措施配套不健全，难以为社会组织的成长提供持久的发展动力。虽然项目建设促进社会组织的发展，但是为招投标项目提供资金和政策支持力度不够，吸引专业社工人才孵化专业社工机构不健全，优化社区的社会组织结构与现代社区治理现代化的需求不匹配。社会组织作为城市治理现代化的重要抓手推进城市治理现代化，同时把握不好也制约城市治理现代化的发展。科学把握城市治理的边界，分析影响城市治理现代化的制约因素是当前城市治理的主题。不可置疑，随着市北区城市治理社会组织的发展，克服城市治理进程中社会组织建设制约因素，打造社会组织优良模式将会为市北城市治理注入强大动力。

三、城市治理群众参与不足

按照社区治理现代化的理论，城市治理相对于过去城市管理的鲜明特点就是更加注重群众参与。一个缺乏群众参与的组织，不能有效推进社会组织的治理功能的发挥；一个缺乏群众参与的社会，不能有效推进城市治理现代化的发展。城市治理工作不是党委、政府的单打独斗，而是充分充分群众的力量，并且充分发挥群众的创造力，让群众的主体地位在城市治理当中得以真正发挥。不可置疑，群众参与不足影响社会治理现代化的发展，影响城市治理制度化的推进。但是受传统观念的影响，目前城市治理很大程度上仍然沿袭了传统的城市管理模式，公民参与城市治理整体状态陈旧低效，呈现"弱参与"与"浅层化"特点，集中体现在以下几个方面：首先，在城市治理的主体范畴上，政府仍然处于唯一的、强势的主体地位，企业、第三部门的功能地位较为薄弱，公民参与更陷入窘境。其次，治理主体的单一独大也致使城市治理手段和方式沿用传统的制度约束和行政化管理，导致公民参与城市治理的观点表达、利益诉

---

① 胡小君. 从分散治理到协同治理：社区治理多元主体及其关系构建［J］. 江汉论坛，2016（4）：41-48.

求受阻。最后，在公民参与城市治理的具体方式方法上，仍然比较陈旧低效，虽然近几年公民参与的渠道和方式有了局部创新，比如增强了基于电子政务的网络平台建设，但整体上公民参与仍然壁垒重重，如公示的时间和范围很有限、过程受到权威部门干预、网络系统利益表达无力、电子政府动作迟缓等，导致公民参与的实际效果并不理想，公民参与的现实基础还有待提高。[①]

群众参与不足有多种表现，比如群众政治参与意识不强。群众存在政治冷漠现象，漠视政治民主权利，参与城市治理的积极性不高、热情不够，在实践中参与意识不强，部分干部群众对城市社区治理的规划、政策等了解不够，参与积极性、主动性不高。大型企业参与积极性不够高，还存在部分社区没有确定参建企业，尤其是在传统社区企业参与积极性普遍不高。究其根源在于少数干部对城市社区治理建设存有模糊认识，思想出现动摇，认为社区建设不搞了、要换方式，个别领导干部对这项工作的关注度有所下降。有些群众对城市社区治理不了解，认为城市社区治理在触动自身利益，剥夺自身的权益，在拆迁过程中激化干群关系。在新型社区治理过程当中社区建设根本目的是让城市更宜居、居民更幸福、城乡更和谐，主要内容包括服务融合、组织融合、居住融合、经济融合，但目前有的干部群众对城市社区治理建设的丰富内涵没有全面理解和准确把握，片面将城市社区治理理解为单一的集聚改造，在一定程度上影响了社区建设的积极推进。

再如，由于"官本位"观念的影响，象征性参与层面较多，而实质性参与较少，往往由于群众参与机制的狭隘损害城市治理的原始初衷，导致城市治理中民主参与流于形式，影响城市发展以及城市治理现代化的成效。全面从严治党以来个别干部"为官不为"，进现场、解难题、抓工作的劲头有所松懈；"为官乱为"，在城市社区治理建设中存在以权谋私等不正常现象，严重影响党群关系。为此导致群众参与社区的公共基础设施建设不齐全，公共服务机制不健全，广场、活动室等公共基础设施能够有效"建起来"，但是难以有效"转起来"，空间建设力量难以有效发挥。在服务半径上，大多数城市社区服务中心主要为

[①]　马海韵，华笑. 当前我国公民有序参与城市治理的困境及消解［J］. 江西财经大学学报，2016（2）：107-113.

本社区服务，这在尚未实现集聚改造的地区表现尤为明显。在窗口服务上，因为审批权没有下沉，户籍、就业、劳动保障、计划生育、税费代缴等大多数服务只能代办。在功能设置上，居民大量需要的养老托幼、医疗计生、文化娱乐、健身体育、信息咨询、技术培训、金融邮政、网络物流等服务欠缺。在人员队伍上，目前工作人员主要由本社区干部和临时招聘人员组成，专职社区工作者、社区志愿者等缺乏，造成服务水平不高。同时，群众参与公共精神空间建设力量不足，社区公共文化平台搭建不健全，在丰富社区居民的精神生活中没有发挥应有的价值和功能，虽然在一定程度上推进社区居民从相识、相知，到相互帮助，但是长期来看难以真正实现共建和谐社区的持续发展。比如群众参与方式方法的创新力度不强，虽然适应"互联网+"的时代要求，打造城市社区治理信息化的平台，但是公共服务信息平台、网络论坛等沟通平台难以适应群众的需要，大都流于形式，社区发展项目和相关活动群众化程度不高，群众参与实现自下而上地制订工作计划难以真正落地生根，互联网的政治参与功能难以体现。当前市北城市治理水平的提升在很大程度上取决于城市居民参与的力度。大力提升群众有效有序参与的力度是未来市北城市治理现代化发展的根本价值取向。

第三节　城市治理工作机制

城市治理工作机制是城市治理行为的重复行为，是城市治理工作制度化的体现。这种工作机制能够适应城市治理现代化的发展，解决现代城市治理面临的问题，不断满足城市居民日益增长的需要。城市治理工作机制要按照现代城市治理现代化的基本理念，构建"一核多元"的城市治理体系，形成"共治共享"的良好格局。"一核多元"，即以社区党委为核心，社区服务中心、居民议事会、居委会、驻社区企事业单位、社会组织等多元主体共同参与。"共治共享"，即"党委、政府、社会、群众"共治共享，形成城市治理"党委全力、政府主力、社会协力、群众得力、制度给力"的强大合力。在遵循城市治理现代化的进程当中，市北城市治理工作机制面临一些亟须解决的困境。

一、城市治理工作机制中存在的理念偏差

工作机制的核心在于工作理念，工作机制是保障工作理念落实的制度回应。不可置疑，一旦理念出现偏差，那么工作机制难以真正运作。在城市治理现代化当中不能过度追求经济增长，因为"以各项经济指标作为考评城市治理的主要标准，必然导致城市政府过度追逐经济指标，忽略了城市的社会发展，造成城市经济、社会、生态等多方面的失衡，带来城市收入差距大、发展不平衡、资源和环境压力增加等问题。"[①]在市北城市治理中，要避免存在于治理理念之间的片面追求经济增长的偏差，要把城市经济增长与城市生态、群众满意度紧密结合，推进工作机制的健全发展。不难想象缺乏科学发展观指引下的城市，虽然经济增长迅速，但由于缺乏长远的规划，忽视对城市自然资源和历史资源的双重资源的保护，导致许多城市失去了自身的特色，造成"千城一面"。

在市北现行的城市治理运行机制中，政府官员升迁的考核标准过多、过重地依赖当地GDP的增长和上级政府官员的评价。这样，在制定城市治理的公共政策时，政府官员必然选择自身政治效用最大化的行为，背离城市居民对城市治理现代化的预期，最终导致城市治理中有些政府行为偏离城市居民需求的发生。在城市居民和政府官员信息不对称，并且缺乏对官员有效监督机制的情况下，地方政府更容易出现治理理念的偏差导致治理行为的偏差。比如在城市治理过程当中城市官员往往会谋求自己的"私利"，脱离了满足城市居民不同需要的利益诉求的初衷，以牺牲城市居民长远的利益为代价，显然这种城市治理目标就会出现理念偏差。同时一些领导干部不同程度存在以"人治"思想"治人"和"治理即管制，管制即执法，执法即处罚，处罚即重罚"的城市治理理

---

① 廖加固. 快速城市化背景下的中国城市治理模式创新研究（D）. 武汉大学. 2014: 75.

念，影响城市治理现代化的推进。城市治理工作机制中还存在的集体行动理念的偏差。亚里士多德所指出："凡是属于最多数人的公共事务常常是最少受人照顾的事务，人们关怀着自己的所有，而忽视公共的事务；对于公共的一切，他至多只留心到其中对他个人多少有些相关的事务"[1]、"公地悲剧"理论认为："在一个信奉公地自由使用的社会里，每个人趋之若鹜地追求他们自己的最佳利益，毁灭就是所有人的目的地。"[2]一般而言，集体行动思维容易缺失，只有当大部分群众能超越对个人私利的追求而对公共事务和共同利益予以关注，愿意在涉及共同利益的问题上遵循一定的规则，并且组织起集体一致行动时，社区治理集体行动思维才能够得到确立，这正是当前城市社区治理应该凝聚的行动思维。

二、城市治理工作机制中存在的技术落后

技术治理是城市治理现代化的主要途径和方式，其核心理念就是应用先进的管理技术将辖区内的机关、企事业单位、非营利组织和居民纳入到社区治理的集体行动框架中来，调动群众参与社区治理的积极性、主动性和创造性，最大限度规避政府"独角戏"现象和不同程度存在的搭便车、逃避责任等不合作的投机主义行为。技术是工作机制运作的关键，缺乏有效的技术抑或技术落后，先进的治理理念难以落地生根。先进理念需要先进技术，先进技术保障创新理念。在科学技术日新月异的变革时代，利用新技术提高城市治理水平已经成为一种基本趋势。2013年以来，宏观经济形势仍然严峻，青岛房地产市场仍然比较低迷，企业参与城市社区建设热情降低，居民购房意愿下降，加上建设成本提升、资金平衡难度加大，个别企业出现撤资现象，这些变化对城市社区治理冲击较大。当前集聚改造的城中村潜力基本挖掘完毕，有的城中村集中供水、排污、燃气、供暖、道路、水利、公共交通等基础设施还有较大欠账。这些困境一方面制约城市治理现代化的推进，另一方面迫切需要先进技术的保障，以

---

[1] 亚里士多德. 政治学 [M]. 吴寿彭译. 北京: 商务印书馆, 1965.
[2] Hardin, G. The Tragedy of the Commons [J]. Science 162, 1968: 1244.

先进技术的优势填补城市治理的漏洞。

当前全球兴起的打造"数字城市"、"智慧城市"，这正是城市治理现代化的技术展现。当前市北区要开辟城市治理现代化的示范区和先行区，积极融入"数字城市"、"智慧城市"的潮流，亟须解决一些技术上的难题。市北城市治理进程中先进技术水平的运用能力有待进一步提升，还没有把"互联网+城市"的基本技术有效运用到城市治理当中，同时部门按照条块分割的思路进行智慧城市建设，信息网络呈现碎片化的现象，交警、交通、行政服务各管一块，信息资源自然难以实现交换共享。社区难以开出"共建服务点菜单"，难以及时为社区群众明确列出绿化美化、治安联防、平安社区、体育健身等为驻区单位及居民所需要的公共服务项目。驻社区单位与非营利组织从社区提供的"菜单式"服务项目中，难以自主选择所需要的服务内容，不能根据自身优势和特点，量体裁衣式列出菜单，推出社区服务项目。应用先进治理技术管理社区建设和社区管理工作，整体提升技术能力有待进一步加强，社区治理联动体系（思想工作联做、辖区治安联防、基础设施联建、公益事业联办、群众文化联兴、发展难题联解、公益活动联办等环节的有机统一）难以及时到位。新技术在城市治理中的作用没有得到充分的发挥，比如GPS（全球定位系统）、GIS（地理信息系统）、RS（遥感）、计算机技术、网络通信技术等在城市治理工作中难以协调发挥。由于技术的不到位导致有些部门存在执法不严、执法不公、以罚代管等现象，缺乏城市治理要求的法治、平等、协商、参与、共治、共享等机制。

三、城市治理工作机制中存在的政府职能转变不到位

城市治理工作机制的落实关键依靠政府职能的推进。倘若城市治理过程当中，政府职能转变不到位，那么城市治理工作机制就难以落地生根。当前市北区在城市治理进程当中不同程度存在政府职能转变不到位的困境。一方面在社会主义市场经济蓬勃发展的青岛面临大量以往从未经历的经济、社会、环境问题，同时在经济全球化、政治民主化和信息国际化的历史趋势下，城市的地位作用都发生了巨大的变化。这种新的变化、新的问题需要市北区政府做出积极

的反应。在社会治理步伐超过政治治理步伐的时代下，官僚制的政府处理新问题的方式方法往往滞后于时代的变化，导致政府职能转变的滞后，同时这种政府职能转变滞后与城市化不断提速、公众对城市公共品需求不断增长的矛盾日益突出，最终这种政府职能转变不到位导致城市治理中政府职能的滞后，该管的管不了。另一方面，由于利益的存在，许多政府不愿放权，一些职能重叠的公共部门甚至为了各自的部门利益会出现大家都"争着管"的现象，导致公共资源的浪费。而对于一些没有利益的事情，各个职能部门则相互推诿，从而导致政府职能的错位。

政府治理的创新理念有待提升。一般而言，政府的管理理念以全心全意为人民服务为根本宗旨，但是这一根本宗旨并非完全能够落地生根，有的官员受到传统的治理理念、社会风俗等方面的影响，官僚主义色彩比较明显，服务意识相应不强。居民的需求日益增强，当政府供给不能提供居民的容易增长的需求时，城市治理就会出现混乱，城市治理创新能力亟须提升，改变过去强制性地让公民服从于政府的管理，担起自己应该承担的责任和服务。这是政府职能转变不到位的集中表现。在经历全面深化改革之后，虽然政府服务意识得到了提高，但在某些服务创新方式上却仍然不能令居民满意，追根究底这与政府官员的现代治理意识是分不开的。在惰性思维等缺乏创新思维的条件下是无法促进社会在传统的治理模式下实现管理结构的调整创新，为此导致政府职能转变存在的缺陷主要是企业缺乏创新的动力和政府角色易发生改变，本该做的事却不能够做好。政府职能转变不到位导致城市社区集体资产改制工作进展存在诸多矛盾和问题。比如，成员资格界定问题。社区集体资产改制关键环节是解决分给谁的问题，不是分多少的问题。相关文件对参与人员范围进行了明确规定，其中不应享受人口福利股的对象中第一条明确指出，经人力资源社会保障部门办理正式录用手续的行政事业单位现职和退休人员、在部队已提干人员以及其他国家财政供养人员不能参与分配。该项政策目前分歧较大，一是前期改制的社区中的上述人员在改制前享受社区福利待遇的，可以参与股份分配。初步调查了解，此类人员在个别社区较多。如果按市指导意见，极有可能因取消上述人员的资产分配权而引发新的不稳定因素。根本原因在于开展人口摸排和清产核资工作能力有待提升。政府职能转型影响资产改制成效，为此亟须着力解决影响改制社区股权设置、参与分配人员范围、产权量化标准等等难点问题，在加快改制进程方面下功夫。在资产、资源和有资格参与改制人员确定后，组织社区召开会议，研究确定纳入改制资产或资源的范围，股权类型和比例设置、人员资格界定标准、成员资格界定基准日、折股量化方法、改制形式（公司或合作社）、资产移交等。征求居民意见后形成改制方案，促进社区集体经济长久发展。

政府治理的服务职能理念有待提升。政府职能是一个双向的过程，是政府与居民在城市社区治理中双向交互的过程。在城市治理现代化进程中存在人们对政府职能认识不清的问题。追根究底，我国政府管理方面的职能是学习苏联的，苏联高度计划经济的政府职能导致政企高度不分。虽然随着社会主义市场经济的发展，政企分开，但是传统管理的理念在一些官员脑子里依然存在，所以在现实中政府部门往往在有些时候存在"不该管要管，该管没管好"的怪现象。官本位的理念导致政府人员在行使职能时出现越位现象，甚至有的政府官员直接参与到企业的生产经营中，干预企业的生产经营活动。治理能力与治理实践的背离是当前一些地方政府出现乱象的原因，这种乱象导致"政企不分、政资不分"。同时这种乱象阻碍了政府职能转变的脚步。当这种职能延续下去，城市社区治理存在基本保障严重缺位现象。比如人民就业难的问题等等。根本而言，工作机制体制问题就是理念与技术问题，其根源在于政府职能转变的问题。

第四节　城市治理能力水平

城市治理能力水平是解决城市治理现代化面临问题的衡量标准。没有能力，再好的设计也是空谈。市北城市治理现代化必须注重城市治理能力的提升，但是也要注重在城市治理现代化过程中治理能力提升需要解决的现实问题。

一、城市治理依法治城的能力有待提升

要保持城市治理获取的不同成效，需要运用法治化的思维，提高依法治理城市的能力水平。法治建设是城市治理现代化的内在要求。不可置疑，2014年10月，党的十八届四中全会作出的《关于全面推进依法治国若干重大问题的决定》提出了建设社会主义法治国家的根本要求，全面开启了建设法治中国的新征程。为了落实依法治国，党的十八届五中全会将依法治国作为"十三五"的重要任务和目标之一，落实在城市治理当中。法制已然成为城市治理的一种常态化机制。虽然明确了依法治市的根本理念，但是在城市治理过程当中落实这种理念还要一段差距，依法进行城市治理的能力明显不足，主要体现在几个方面。

依法治城参与主体的观念陈旧。社区法治与社区民主相对应，社区民主强一点，社区法治就多一点。由于有些机关部门习惯于直接领导，对社区民主自治心存疑虑，所以社区法治能力比较薄弱，有事找政府，而不找法律。可见，依法治市进程中参与主体因为法治观念陈旧导致社区居委会的自治能力较弱，社区习惯听命基层政府的思维进而带来依法治城能力弱化。由于参与主体的观念落后城市社区的居民、企业以及社会组织参与基层社区事务较少，对城市社会治理的认同感不高，大多数人认为社区的建设只是政府街道的事，认为自己的参与不能够影响基层政府和居委会决策，进而影响依法治城的能力。

城市治理法律体系不够完备。一是相关的法律、法规、政策和规章制度不同程度呈现碎片化发展现象，不能形成合力。城市治理现代化的过程就是城市治理法治化的过程，但是在有些城市社区法律法规制定缺乏系统思维，不能实现上下联动、左右协调和时间连贯。法规缺乏系统性，制定设计不完备，导致法规执行力低下。同时有的部门由于监管问题影响法规制度的执行力，比如市北区安全生产监管难度大。市北区属于老城区，安全生产基础设施薄弱，进入夏季，天气高温潮湿，雨水增多，是事故易发期、多发期；人员密集场所多，建筑工地多、高层楼宇多，诱发安全生产事故的因素增多，安全生产监管难度大。二是城市治理的法治机制不够健全。具体表现为调处、服务、保障、监督

机制有待进一步完善。城市治理矛盾纠纷依法调处机制有待完善，集中表现为纠纷调处机制不健全。这种不健全能够带来社会乱象。比如，老大难纠纷和缠访、闹访案（事）件发生。社区公共法律服务体系不健全，法律咨询、法律准入等公共服务有时难以在社区落地。社区公共法律保障体系不健全。当前市北在社区建立"一站式法律服务岗"，开展"普法入户"活动；组织律师事务所主动服务社区群众，以第三方身份参与开展矛盾纠纷化解活动；将法律援助、公证服务与普法宣传相结合，在为群众提供高效优质法律服务的同时，普及宣传相关法律知识。但是从长期来看，自下而上的群众参与保障机制有待配套完善。没有群众依法表达自身利益诉求和维护自身合法权益机制，城市治理法治保障体系难以完善，依法治城能力难以长期为续。另一方面城市治理法规在具体的实施过程中存在着一定的冲突及法律适用性等问题，最终导致干群关系紧张，影响党的执政公信力。比如在城管执法的过程中，有时就会出现城管"暴力执法"，与之相对应群众不断"暴力抗法"。

城市治理条例与城市管理混淆不清。治理与管理的根本差别在于法治，在城市治理过程当中由于缺乏法治思维、法治传统和法治行为，使得城市治理与城市管理混淆一起，严重影响城市治理能力提升。比如在城管人员执法过程当中，执法队伍数量庞大且人员法治素质不高，法治意识不强，当涉及群众的切身利益时，执法人员不遵循法定的程序，处理方式简单粗暴，都使城管执法处于一种尴尬境地。依法治城的执法实践中，不同部门职能存在交叉，由于部门角色冲突，导致城市依法自治能力降低，严重影响城市法治化水平。城市治理法治水平不高，必然缩小社会组织、公民参与的渠道。事实证明缺乏法治的乱象容易使社区居民形成事不关己高高挂起的心度，同时驻社区单位参与社区建设的积极性也不高。法治的弱化带来社区居民对社区委员会不够信任，导致社区治理法治能力降低。可见，城市治理条例与城市管理混淆不清弱化了城市治理法治化能力。

二、城市治理能力的评价指标体系有待完善

城市治理能力发展的状况如何需要一个比较完善的评价指标体系。当前在国内外城市治理过程当中，一些城市围绕治理能力评价已进行了大量的研究（如下图所示），比如有的城市突出经济成效主要从政府与经济增长、国际竞争力以及政府绩效角度研究城市治理能力的评价指标体系，这种评价指标体系没有突出城市居民的意愿，与全面从严治党新形势下把抓好党建作为最大政绩有所偏差。当前市北城市治理能力的评价指标体系在一定程度上也面临如何完善的问题。一方面评价内容不健全，评价是一个全面的科学体系，往往包含诸多要素，比如经济调节能力、市场监管能力、社会管理能力、共治共享能力、公共服务能力、政府财政能力等等。但是在城市治理过程当中的往往不能顾及全面，孤立发展，比如注重城市治理的经济调节能力，而忽略了城市治理的公共服务能力；注重城市治理的社会治理能力，而忽略了城市治理的共治共享能力；注重城市治理的公共服务能力，而忽略了城市治理的政府财政能力。另一方面评价指标不健全。城市治理需两级评价体系（表5-4-1），其中一级指标体系包含基础设施、文化教育、医疗卫生、社会保障、环境保护、园林绿化等诸多要素，二级指标体系即指标层，具体而言一级指标体系又包含诸多的要素，比如一级指标体系的基础设施包含二级指标体系：城乡社区事务支出占比；交通运输支出占比；道路长度；道路面积；人均道路面积；地下管廊总长度；轨道交通线路长度；轨道交通线路条数等等。在城市治理过程当中二级指标体系根据城市治理现代化的需要应该与时俱进的细化，构建起比较健全的指标体系。此外，还要避免一些困境的存在，比如以局部评价代替全局评价。局部评价固然重要，但是重视其评价的存在，不是排除全局评价的存在，而是在全局评价的基础上更多突出城市治理能力评价的多方位和多样性，所以从局部因素着手对城市治理能力评价进行实证研究，只是进行评价的开端，而不是评价的终结。比如以特殊评价代替一般评价。结合不同地区的具体情况进行实际运用进而形成特殊性评价是地方评价的特色，但是特色不能替代一般，探寻城市治理能力评价的一般性方法才能避免出现方向性错误，推进城市治理现代化良性发展。

国内外城市治理能力评价指标体系　　　　　　表5-4-1

学者或组织	评价体系	评价指标
世界银行 （1989）	治理水平评价	发言权和问责、政治不稳定和暴力、政府效率、管理负担、法治、贪污
澳大利亚公共服务委员会APSC	公共服务和政府治理评价	社会保障、教育、医疗卫生服务
过勇·程文浩 （2010）	城市的治理水平评价	参与、公正、有效、管制、法治、透明、廉洁
俞可平（2008）	治理水平评价	公民参与、人权与公民权、党内民主、法治、合法性、社会公正、社会稳定、政务公开、行政效益、政府责任、公共服务、廉政
张红樱·张诗雨 （2012）	城市治理能力评价	城市经济发展的程度、城市发展的可持续性、城市公共服务效率、非政府部门参与城市治理决策的难易程度、参与城市治理决策者和利益相关者的透明度、市民参与在城市治理过程中所发挥的作用
人民论坛测评中心 （2015）	城市治理能力评价	基本保障能力、宏观调控能力、财政能力、基层自治能力
王珺、夏宏武 （2015）	城市治理能力评价	基础设施、文化教育、医疗卫生、社会保障、环境保护、园林绿化

来源：邬晓霞、卫梦婉《城市治理：一个文献综述》，经济研究参考，2016年第30期。

三、城市治理的协同能力有待提高

　　城市治理现代化是城市治理系统化、整体性和制度化的内容，其中核心要义在于城市治理的协同性。城市治理协同能力是适应城市治理现代化的标志性产物。比如社会治理的"一核多元"模式、城市治理"共治共享"理念都包含治理的协同思想，把这种思想变为行动，亟须提高城市治理的协同能力。虽然市北城市治理协同能力取得重要成效，但是也面临一些亟须解决的问题。一是城市治理的系统能力有待进一步提升。城市治理的协同能力源于城市治理的系统思维能力。城市治理是一个治理决策、治理执行与治理监督的有机统一体。

治理决策要科学，治理执行要坚决、治理监督要有力。其中治理监督是关键环节，没有监督的保障决策很难科学；没有监督的环节，执行难以长期坚持。所以城市治理能力的提升需要在完善城市治理的系统性方面下功夫，这也是市北城市治理水平提升的关键层面。二是城市治理的城市间合作能力有待进一步提升。一定程度而言，城市治理是城市内部的事情，但从发展的眼光来看，城市治理亦是城市间的合作与发展。在城市发展的创新与开放条件下，城市群、都市圈作为新事物是城市治理现代化的必经阶段，为此必须高度重视这种城市之间的协同治理。事实上，目前，市北城市治理走在前列，在这方面做了大量的工作，但是还需要继续努力，在城市群合作共赢中下功夫，打通同级政府之间横向沟通交流渠道，搭建同级政府之间横向沟通交流的平台，构建同级政府之间横向沟通交流的有效协同合作机制。此外，影响城市治理协同能力不足的体制性根源在于"千针一线"的组织结构（如图5-4-1所示），这种组织结构容易造成"下达主体"的多元化与"承接主体"的单一化并存的现象，这种多对一的框架结构制约城市治理协同发展的能力，街道办事处与社区组织的行政任务不仅来自市区政府的考核压力，而且还来自市区政府的各个职能部门，所以这种组织框架造成的直接结果就是街道办事处与社区承担了与其实际负荷能力不相匹配的职责压力，街道办事处与社区的权力与担当的责任严重失衡，当权责不一致、权责失衡时，再多的外在因素也解决不了组织结构带来的制约协同能力的问题。不可置疑，这种纵向政府间的"权责不一"机制对基层协商机制构成"排斥效应"，严重影响城市治理协同能力的持续发展。

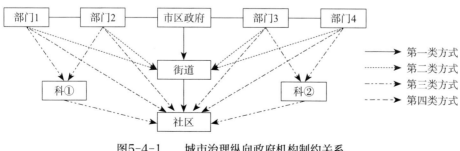

图5-4-1　城市治理纵向政府机构制约关系

第五节　城市治理供需匹配性

城市治理现代化的过程就是供需匹配的过程，是在现代化进程中实现治理主体与治理客体的有机统一，也是实现政府治理供给与城市大众需求的统一。城市治理供需匹配才能真正推进城市治理的系统性、协调性和整体性发展，推进城市治理现代化。市北城市治理在供需一致匹配性发展进程当中取得实质性成果，推进了市北城市治理的和谐发展，但是也面临一些亟须解决的难题。

一、城市治理投入与产出的不均衡

城市治理现代化的过程就是城市治理投入与城市治理产出均衡化的问题，城市治理的均衡才能保持城市治理的有效、有序和有利。当前市北城市治理在合理调配投入与产出的关系，积极推进城市治理人财物的合理运用，适应城市治理居民的合理需要，但是在一定程度上城市治理与城市产出的比例面临失衡的危险。一方面，城市治理公共资源稀缺，治理高成本，投入大量的人力物力财力，但是没有生产出满足城市居民合理诉求的资源，造成大量投入资源的浪费和管理效率的低下。比如，市北即墨路街道区域内一些大型住宅区车位规划不合理等原因，区域内交通压力非常大。街道也采取了一些措施来缓解这一问题，如设立了智能APP，灵活安排车位使用时间；设立自行车道，慢行车道；建设立体停车场等。但是还不能解决问题。另一方面治理成本高昂，公共资源的浪费严重。当前城市治理部门分割，带来管理多头、信息分割、资源浪费等问题，导致城市治理投入与产出的比例失衡，直接影响城市治理的效果和效率。例如，城市治理过程当中的"九龙治水，各自为政"的现象，浪费大量人力物力，而且效果还很差。当投入与产出比例失衡，政府治理又不能从全局考量问题时，在基层社会治理创新激发大力城市居民诉求的背景下，必将带来城市治理供需匹配性问题。此外，投入与产出的比例失衡还受到城市治理体制的制约，比如街道编制少，但任务重，每天应付上级的指标，忙得不可开交，很多事情只好交给社区完成。这样容易造成上级投入外溢的现象，带来城市治理的投入与这种投入带来的收益不一致的困境。同时，在城市治理中，市区政府作为基层社会空间的主要"代理人"。由于基层超大社会的历史现实，市区政府的管辖范围大，对此市区政府难以有效地与基层群众进行直接的互动，对于基层群众意见表达与利益诉求的反应也相对迟滞，这种迟滞制约城市治理政策投入与效应产出一致性。具体而言，在一定程度上市区政府"代理"基层行政组织所做的决策并非从社区群众和基层社会的实际需要出发，而是从政府的需要出发，政府决策与群众需求难以完全重合，但是必然存在交叉，这种交叉体现出政府与居民之间不避免地存在的摩擦。究其根由，虽然基层行政组织的工作量不断增加，但是为城市居民可以提供的公共服务却并非随着工作量的不断增加而增加，政府决策管理的投入与社区民众所需存在张力。

二、城市治理决策与参与的不一致

城市治理现代化进程中供需匹配性问题，其实质在于城市治理决策性问题。科学决策的问题就是考量和解决城市治理的供需匹配性问题。市北城市治理过程当中，存在政府决策与城市居民参与不一致的问题。一是城市社区承担过重的任务，难以开展居民参与的工作。社区居委会承接政府工作任务较多、负担过重的问题还没有得到根本的解决，社区居委会无力开展民主决策的社会组织活动，最终直接影响社区自治功能，将导致城市社区决策与城市社区参与的不一致。二是城市社区社会组织培育机制亟须完善。在现实治理进程当中，城市政府职能转移和购买社区社会组织服务等工作尚待改革和深化。比如，在购买服务的过程中，虽然城市政府和城市社会组织作为购买方和承接方，但是在谈判和协商地位上不能做到对等，社会组织的"去代理化"压力强化了政府"代理化"，不可置疑，城市政府与城市社会组织之间的合作随意性较大，政府主导的购买程序不太规范的现象比较普遍，为此需要大力深化改革。社会组织开展工作面临诸多问题和制约，多数社区社会组织层次不高、能力不足、作用不够明显，难以发挥社区治理的主体性功能，还有社会组织所需资金来源不稳定。比如政府往往通过购买服务的方式将利益截留和转移，或者将政府有限的资金给了并不专业的社会组织而造成浪费，最终导致使那些真正需要政府资金支持的、符合社会发展需要的社会组织面临严重的困境，难以有效参与政府决策。三是社区信息化平台建设相对滞后。在创新的时代，参与城市治理需要信息化的手段。虽然我们步入"互联网＋"时代，但是这种新常态在城市治理过程当中发挥作用还需要时间的积累，信息化的平台受制多种因素的束缚，不管是信息化的理念，还是信息化的手段都影响城市治理决策与参与的统一。同时，城市社区服务管理涉及的事项众多，政府管理条块分割、需求不一，影响了社区信息化建设的步伐。

三、城市治理供给与需求的不统一

任何城市治理都是一个发展的过程，在这个过程当中实现治理供给与治理需求的统一。当前，城市治理现代化进程当中面临一种共性，即城市治理的供给与城市治理的需求的统一性问题。这种问题既是发展的阻力，同时也是发展的动力。其核心在于要找准问题产生的原因，并且找到解决问题的途径。当前市北城市治理现代化亟须解决好城市治理过程中治理供给与需求的关系，避免治理供给与需求的不一致。不可回避的是，当前市北城市治理要解决好一些问题。

一是城市治理进程中评价指标体系问题。从公共产品供给角度设计评价指标体系问题是考量供给与需求统一的重要视角。不可置疑，城市治理评价指标体系是双向发展的流程，既需要自下而上的参与，也需要自上而下的安排。但是大多社区治理公共产品的供给还停留在自上而下的框架建立和指标选取阶段，尚未进行数据收集阶段的可行性验证，这就必将导致公共产品的供给与城市居民的需求的脱节。这种单项的流动打破了供给与需求的双向发展，导致供大于求，从而迫切需要供给侧改革。比如，登州路街道周边是一个商贸区，居住密度大、人流量大、交通行车难、停车难，现实矛盾非常突出。比如延安路街道存在老城区停车难如何解决的问题。

二是城市治理进程中居民参与问题。从供给与需求双向流动来看自下而上的居民参与是实现城市治理供需匹配性的重要方法。居民参与既是大力发展社会主义协商民主的客观需要，也是大力推进城市治理现代化的重要举措。参与是实现政府与居民共治共赢的基本途径。一方面对于政府，居民参与既是自身权利实现形式，能够了解市民对城市治理的意见；也是集思广益的重要途径，能够争取到市民的最大限度的配合，推进城市治理决策的科学性和可行性。另一方面对于城市居民而言，城市治理好能够为居民开拓更大的参与空间，让居民充分表达自己的合理化建议，并推进政府科学决策。但是，现实中，市民的参与度往往不够。比如，参与渠道不畅通。有时政府征求意见居民不知道，有时居民有意见找不到政府。简而言之，政府与治理居民之间信息缺乏有效沟通。比如，参与积极性不高。一定程度上存在市民的意见很难被采纳的现象，长此以往，市民便逐渐失去参与的积极性，这种制度设计便也失去实效。由于市民参与城市治理力度不够、积极性不高，所以城市治理难以得到市民的有效配合，为此将会导致城市治理措施在实施时阻力重重。所以市北城市治理尤其要关注大气污染问题、城市交通拥堵等城市问题的治理，疏通居民参与的渠道，积极吸收居民的热情参与。

三是城市治理进程中社会组织供需问题。社会组织作为城市治理的重要抓手和工具，在城市治理进程当中发挥重要功能。在一定程度上社会组织的发育程度标志城市治理现代化水平。城市治理中社会组织的供给与需求一致问题是城市治理现代化的重要课题。一般而言，当社会组织供不应求时，即社会组织的现有数量无法满足当前社会治理的现实需要，社会组织难以发挥应有的整体功能。比如社会组织的数量与城市治理的需求相差甚远，除社区居委会外，其他社会团体和中介组织不但数量有限，且缺乏应有的独立性，无法有效地发挥其应有的作用。当社会组织供过于求时，即社会组织现有数量超过社会治理所需社会组织时候，容易造成社会资源的浪费。

近年来，青岛市先后有16个公益项目成为中央财政支持社会组织参与社会服务示范项目，全市建立了"市、区（市）、街道"三级社会组织培育孵化基地，各类社会组织培育创新平台（孵化园、创新园、创意园等）达到32家，入驻社会组织超过500家，培育了一大批社会影响大、社会反响好的示范性公益项目，有效发挥了社会组织在城市治理中的作用。根据《市北区社会组织创投活动方案》（青北民发〔2015〕7号）的文件安排，由上海现代公益组织研究与评估中心对2015年市北区社会组织公益创投项目进行了结项评估。经评估，以下21个公益项目予以通过。益动社区-社区治理创新公益项目；同心温暖退伍军人就业创业服务；自闭症儿童家长培训项目；"幸福市北，温暖夕阳"——社区贫困失能老人照护需求评估及服务项目；互联社区"愿望树"公益项目；蒲公英社区健康促进传播计划；"玫瑰人生"市北区单亲妈妈心理增能计划；"萌娃俏妈一台戏"-同明书坊亲子阅读项目；春天的放牛班-重点青少年心理疏导项目；挚爱家园让阳光照进心灵；"Happy周末"城市贫困青少年成长关爱服务项目；"馨爱圆梦"-智力残疾人就业家庭支持体系建设；圆梦海洋天堂——自闭症儿童社会融合支持计划；绘声绘影伴我飞翔；筑梦花季公益项目；音乐与健康社区公益项目；社区老年人慢病及老年综合片管理项目；同在蓝天下——手语导医志愿服务；同沐情、阳光送；"尊享夕阳，眷知晚晴"老年服务项目；孝心敬老每一天。市北社会组织在数量不断增长的同时，组织结构不断优化，资助型、支持型、枢纽型社会组织发展迅速，城市社区社会组织活跃，社会组织的横向联系趋于紧密，社会组织网络化趋势加强，形成社会组织间合理分工、相互服务、相互支持的新型合作发展格局。

市北区社会组织在城市治理中发挥重要功能。市北区引入社会组织解纠纷。为了保障棚改户产权征收工作顺利进行，市北区兴隆路街道创新工作模式，首创引入社会组织作为第三方参与征收工作。姜东调解室联合街道办开展工作，在岛城尚属首次将人民调解、司法确认前置到房屋征收工作一线。以往产权人如果去世，继承人想要更换产权人，需要进行公证等方式，大约需要一个半月，不仅耗费时间较长，而且收费偏高，每户产权情况不一样，情况非常复杂。本次引入第三方社会组织介入房屋征收工作，简化了办理流程，相比较公证或诉讼等途径，更加方便快捷、流程提速，还降低了办理费用。比如，只要征收对象将材料提交齐全，预计5个工作日就可以拿到产权确权继承的民事裁定书。拿到裁定书后，居民就可以到青岛市房产交易中心变更产权人。届时，可顺利签署房屋征收协议。可见，社会组织在市北城市治理过程中发挥重要功能。但是，这正是个案，城市治理现代化需要更多的社会组织发挥联系群众的桥梁功能，推进服务型政府落地生根。

对此，如何增强居民对城市治理认同感和归属感、如何提升城市治理民主协商的水平、如何实现社会组织供给与需求的均衡等问题还需要我们认真思考与长期探索。

总体而言，当前城市治理现代化处在创新发展的黄金期，信息化极大推进城市治理现代化，促进城市治理主体与客体的统一，促进城市群和都市圈蓬勃发展，促进社会治理现代化。但是城市治理也面临一些困境，这些困境严重制约城市治理的后续发展。市北区作为城市治理的一个个案也面临诸多亟须破解的问题。倘若把这些问题集中起来，那么主要体现在以下方面：

一是城市治理制度设计问题。第一，城市治理制度设计的系统性有待提升。制度决策、制度执行与制度监督等诸多环节孤立而为，缺乏有机统一。第二，城市治理制度设计的程序性有待完善，没有区域化党建主体性框架的构建，城市治理制度化的设计也就失去了必要的前提条件。第三，城市治理制度设计的创新性有待提高。抓不住内容的创新只是一种形式，严重将会导致形式主义，影响整体城市发展。

二是城市治理行动主体问题。第一，党委、政府行动中心模式的困境。党委、政府行为中心模式的形成，导致自上而下的封闭式治理，基层社区治理的动力难以自下而上促进社区治理的发展。第二，社会组织发育不全。在社会组织发展过程当中一些社会组织缺乏相对独立性和公信力，难以适应当前城市治理现代化的需要。第三，群众参与不足。群众政治参与意识不高，存在政治冷漠现象，漠视政治民主权利，参与城市治理的积极性不高，这种自下而上的参与通道难以畅通。

三是城市治理工作机制问题。第一，城市治理工作机制中存在理念偏差。过度追逐经济指标，忽略了城市的社会发展，造成城市经济、社会、生态等多方面的失衡，带来城市收入差距大、发展不平衡、资源和环境压力增加等问题。第二，城市治理工作机制中存在技术落后。部门按照条块分割的思路进行智慧城市建设，信息网络呈现碎片化的现象，交警、交通、行政服务各管一块，信息资源自然难以实现交换共享。第三，城市治理工作机制中存在的政府职能转变不到位。由于利益的存在，许多政府不愿放权，一些职能重叠的公共部门甚至为了各自的部门利益会出现大家都"争着管"的现象，导致公共资源的浪费。

四是城市治理能力水平问题。第一，依法治城的能力不足。虽然明确了依法治市的根本理念，但是在城市治理过程当中落实这种理念还要一段差距，依法进行城市治理的能力明显不足。第二，城市治理能力的评价指标体系有待完善。评价指标体系没有突出城市居民的意愿，与全面从严治党新形势下把抓好党建作为最大政绩有所偏差。第三，城市治理的协同能力不足。城市治理是一个治理决策、治理执行与治理监督的有机统一体。治理决策要科学，治理执行要坚决、治理监督要有力。其中治理监督是关键环节，没有监督的保障决策很难科学；没有监督的环节，执行难以长期坚持。

五是城市治理供需匹配性问题。第一，投入与产出的比例失衡。城市治理公共资源稀缺，治理高成本，投入大量的人力物力财力，但是没有生产出满足城市居民合理诉求的资源，造成大量投入资源的浪费和管理效率的低下。第二，决策与参与的不一致。社会组织开展工作面临诸多问题和制约，多数社区社会组织层次不高、能力不足、作用不够明显，难以发挥社区治理的主体性功能。第三，供给与需求的不统一。城市治理评价指标体系是双向发展的流程，既需要自下而上的参与，也需要自上而下的安排。但是大多社区治理公共产品的供给还停留自上而下的框架建立和指标选取阶段，尚未进行数据收集阶段的可行性验证，这就必将导致公共产品的供给与城市居民的需求的脱节。

第六章

国外推进城市治理现代化的
经验启示

改革开放以来，工业化及城镇化已成为党委政府工作的重要着力点。在这一目标的引领之下，1978年至2013年，我国的城镇常住人口数量由1.7亿人增加到了7.3亿人，城镇化率由17.9提高到了53.7%，平均每年提高1.02个百分点。在由计划经济向市场经济的转轨当中，城市经济发展迅速，城市容量及规模有了迅速扩张，与此同时，农村剩余劳动力持续往城市转移，这也促进了城市的发展和扩张。进入21世纪以来，城市扩展速度呈现出加速趋势，城市治理方面的各类问题不断涌现出来，比如城市环境维护问题、城市公共产品供给不足问题、城市弱势群体权益保护问题、城市运作效率低下问题、人口膨胀问题、区域发展失衡问题都已经成为党委政府必须要面对和解决的棘手问题。如何有效地治理城市是一个颇具挑战性的重大课题，也是各国都必须面对的一个问题。随着全球化的深入推进，城市作为一个国家经济发展的核心载体，在全球竞争中所扮演的角色也日益凸显，能否实现城市治理的现代化，不仅关系到国家竞争力的提升，而且关系到国家治理现代化的实现。深入研究发达国家和地区在推进城市治理现代化过程中的经验和教训，有助于我们看清楚城市发展过程中业已出现和可能会出现的治理难题，吸收借鉴发达国家的成功经验，避免他们在城市治理中所走过的弯路和误区。在所有的发达国家和地区当中，美国作为世界头号强国，其城市化发展起步较早，城市治理成效显著。很多城市规划得当、布局合理、运转有序，城市环境保护得力，居民生产和生活也非常便利。

城市治理（Urban Governance）是指政府、私营部门和非营利组织作为主体所组成相互依赖的多治理网络，依据相关的法律、法规和规章制度，按照参与、沟通、协商、合作的治理机制，对城市地理空间结构、城市的规划格局、城市的发展路径进行协调规划，整合城市中的各类资本、技术、土地、信息、劳动力和知识等生产要素，解决城市公共问题、增进城市公共利益、提供城市公共服务，谋求城市经济、社会以及生态等各个方面的持续发展。作为老牌资本主义国家的美国和新兴发达国家新加坡，其城市治理现代化经验值得学习和借鉴。

第一节　美国推进城市治理现代化的经验及启示

一、美国推进城市治理现代化的历史演变与进程

美国是世界上发达国家中拥有地方政府数量最多的，在几百年的城市发展和城市治理过程中进行了卓有成效的探索，其经验具有较强的典型性。据美国人口统计局在2002年的统计显示，美国共有城市19429个，这当中有94%的城市人口不高于25万，其中人口超过10万的城市仅仅有254个。另外，美国各个州对城市标准的确定并不一致，比如在俄亥俄州，人口高于5000人的一体化社区就被定位为城市，而人口不高于5000人的社区则被确定为村镇。有的州规定人口超过1000人的社区可以申请设立城市建制。从15世纪欧洲殖民者到达北美大陆后，建立和形成了现代城市的雏形。根据城市发展形态的不同，美国城市治理现代化大体经历了三个不同阶段。

（一）16世纪中期到20世纪初：现代城市治理的起步探索阶段

早在1565年，西班牙裔的制民主就制定了"圣·奥古斯汀规划"（St. Augustine Plan），并按照这一规划建设了美国早期的西班牙风格城镇。与此同时，其他国家的殖民者也效仿西班牙的做法，建立了具有本国风情的市镇。1861～1865年美国内战之后，随着相对和平环境的出现和资本主义经济的迅速发展，美国城市出现了快速发展的局面。19世纪40年代，美国开始了工业革命，在商业、文化功能之外，城市的工业职能越来越突出。由传统农业社会向现代工业社会的过渡促进了城市规模的迅速扩张。城镇人口比例迅速上升，新型工业城市不断涌现。城市化与工业化实现了同步发展。面对这一形势，在城市管理方面出现了继续实行"自由放任"和引入政府干预两种倾向。受古典自由主义思潮的影响，主张"自由放任"的一方提出应该让城市自由发展和扩展，不能加以限制。部分人则注意到传统的"放手不管"政策（hand-off policy）

已经不能适应形势发展需要，继续实行这一政策会导致不良后果。虽然出现了反对自由发展的呼声，但在当时城市人口、经济迅速发展的大背景下，主张"自由放任"的一方仍占主流。所以直到19世纪末期，美国各地地方城市当局还没有出台官方土地使用和管理政策。除了为避免城市居民密集区发生火灾制订的相关建筑物监督条例之外，政府没有主动纠正当时的土地滥用行为。

（二）20世纪初到20世纪70年代：地方城市自治发展推进阶段

20世纪的前20年，随着现代交通的发展完善，城市规模较之以前有了很大跨越，有的达到16km以上。城市在数量、规模和功能方面有和质的提升，基本形成了全国范围的现代城市体系。在美国当时的城市体系中，既有像纽约和芝加哥等综合性全国中心城市，也有费城、巴尔的摩等地方性中心城市。城市的发展吸引了大批外来移民与农村人口的流入，从1851年到1919年，平均每年有39万外国移民进入美国；截至1910年，美国4200万城市人口中大约有1100万从农村流入；1920年，美国总人口达到了1.067亿人，城市人口为5416万人，城市人口占比超过50%，美国城市化基本完成。1920年以后，美国的城市发展由集中转为扩散式发展，其主要发展标志是"大都市区"的形成和城市郊区化发展。美国城市在这一过程中完成了数量扩张和质量提升。在城市公共服务供给方面，推进公共服务供给体制改革，区分公共服务中的"生产"（Product）和"供给"（Provide），通过引入政府以外的外部生产方，来实现规模经济。在坚持政府主导地位的同时，其他公共服务供给主体的地位日益凸显，比如在1982年美国地方公共服务合同外包所占比例是34%，在1992年、1997年、2002年和2007年，这一比例分别达到了28%、33%、18%和30%。

（三）20世纪70年代至今：城市治理多元主体合力推进阶段

20世纪70年来以来，全球化的快速发展使国家之间的竞争加剧。新自由主义引导下的市场化、私有化改革导致了公共产品供给不足和社会公正缺失问题，非政府组织的发展为现代城市治理的发展奠定了基础。同时，城市之间在政治、经济、社会、文化方面的联系也不断增多，需要跨城市解决的问题和事务也不断增多，不同城市之间的依赖性越来越强。唐纳德·诺里斯（Donald Norris）、汉克·萨维奇（Hank Savitch）、阿兰·沃利斯（Alan Wallis）从理论上对这一特征进行了总结。在治理理论和新制度主义理论的指导下，以提升城市竞争力和加强培育合作为导向的网络化城市治理模式。在"政治碎片化"之下，不同大都市区的地方政府根据特定的议题，通过签订合作协议，在服务相互交叉重叠的领域结成资源合作的治理网络。促进大都市区的协同发展、环境污染的防控工作以及江河湖海的跨区域治理。围绕经济社会发展、公共服务供给和基础设施建设，许多城市在建立了政府、市场、社会和公民组成的治理网络，比如费城、克利夫兰、辛辛那提、担负、休斯敦、华盛顿、西雅图及亚特兰大分别在1980年、1985年、1988年、1989年、1990年、1991年、1991年先后建立了形式多样的治理网络。

二、美国推进城市治理现代化的主要做法与经验

（一）健全政府组织结构，提高城市治理科学化水准

美国各个城市政府及时由州政府设立的地方政府，也是根据州宪法以"自上而下"的形式建立的市政自治体。在决策执行体制方面，美国地方政府城市治理在决策方面的显著特点是其"决策——执行"体系相对分离。由市民选举产生的议会负责立法和决策工作。在执行方面主要有两种形式：一是"市议会——市长制"（Council-Mayor form），二是"市议会——市经理制"（Council-Manager form）。前者市长由市议会从议员中选举或由选民选举产生，后者除了选举的方式之外，还借鉴公司法人治理方式，聘请一名管理专家担任市经理，对市议会负责，领导城市治理的日常工作，有用人员任命、机构设置和提出预算的权力。很多人口规模在2.5—25万的城市，近年来采用了这种形式。在政府组织结构方面，美国城市政府的组织形式由本市的城市宪章自主规定。所以不同城市的组织结构会存在一定不同，但其职能主要集中在四个方面：一是公共安全，包括警察、应急及消防等；二是城市建设，包括规划、住房、供水、排污、环保等方面；三是社区服务，包括社区发展、邻里关系及公共档案等方面；四是经济发展，包括职业培训、市场开发和企业服务等方面。各个城市为提高城市治理效能，在机构设置方面遵循精简原则，采用扁平化的

组织结构形式。以美国杜姆市为例，杜姆市政府设置了市经理办公室、审计服务局、紧急联络中心和预算管理服务局等25个部门，2015年，杜姆市总共有全职工作人员2100人，兼职人员121人，大约每1000名居民中有11名公务员。在政府支出方面，与部分发展中国家的"建设财政"不同，美国各城市是典型的"公共服务财政"。以剑桥市为例，其公共安全支出占23%，社区维护发展支出占16%，教育支出占36%，政府内部开支占12%，人力资源开发占5%，一般政府开支占8%。其行政管理成本是相对较低的。在府际合作方面，为了适应大都市地区一体化发展的趋势，又同时兼顾各市、镇居民的具体利益诉求，很多地区通过府际合作的形式进行跨域治理。比如成立特殊服务区（Special service districts，简称"特区"），相邻城市把适合由专业化机构统一提供服务的事项移交给"特区"提供，"特区"根据服务项目具体情况确定收费标准。另外，签订政府间合作协议，建立市县联盟、市镇联盟，成立都市政府联合会也是府际合作的常用形式。

（二）完善城市治理结构，推进城市治理有效性程度

美国学者斯蒂芬·戈德史密斯（Stephen Goldsmith）在《网络化治理：公共部门的新形态》一书中，对美国的城市治理模式进行了系统总结。美国城市治理打破了传统官僚制下僵化治理模式，形成了一个在公共价值目标引领下多元合作、协同互动的网络化治理模式。美国实现有效城市治理的重要原因在于探索出了在市场经济条件下怎样调动各方面利益相关者共同参与城市治理。在网络化治理模式下，地方城市政府角色转化为"召集人、经纪人、催化人"，比如在城市公共服务供给中，除了警察、消防等由政府直接提供之外，还通过签约外包、特许经营和代币券等形式由非政府部门承担。签约外包是指政府与企业或其他地方政府签订供给合同，涵盖了公共工程、医疗卫生、社会福利以及一般性政府业务等几个方面。特许经营是在使用收费的公共服务领域，政府通过办法许可证的形式特许私人企业提供该项服务，主要涵盖了垃圾处理、供水供电、污水处理等公用事业中。代用券是指政府对符合条件的居民评政府发放的凭证（代用券），居民凭券到政府认定的机构购买托幼、养老、戒毒、文体、培训等服务。除了向私人部门购买服务外，美国城市治理还非常注重非营

利组织的协同治理作用，比如在2009年，时任美国总统奥巴马签署了《爱德华·肯尼迪服务美国法》，设立了用来鼓励和资助非营利组织参与城市治理的服务基金和奖学金，设立了每笔不少于20万美元的"非营利组织能力建设资助"规划，赞助各城市的社会组织加大志愿者的招募和管理力度。以旧金山市为例，2013 年有160 个非营利组织与政府签订了460个服务合同，平均每个组织购买政府的项目达到了2.9个。美国各大城市以政府为动力原点，以各类非政府、非营利组织为"经纬线"，通过建立网络化治理结构，对城市治理难题进行个性化、灵活化、分权化和有创意的回应，实现了治理主体之间物质信息资源共享、减少行政成本、降低政治风险。

（三）扩大公众参与治理，提高城市治理民主化层次

美国城市治理的一个显著特点是公众参与的深度介入和有效发挥作用。巴伯（Benjamin R Barber）曾指出，美国存在两种民主：一种是国家民主，体现在总统大选和联邦政策制定等国家层面；另一种是基层民主，体现在居民通过自组织来进行自我管理、处理公共事务、解决公共问题。美国城市治理中的居民参与具有参与主体广泛、参与程度较深、参与渠道畅通、参与过程全面、参与方式众多等特点。从居民参与的角度来看，美国城市治理中建立了居民与政府的"参与——互动"关系，由过去自上而下的城市管理转变为双向互动的城市治理，具体形式有三种：一是通过各类民间委员会和理事会参与城市治理。美国城市治理结构中有两条并行的系统：以市长为首的行政机构和以各类理事会、委员会为代表的非政府机构。作为非政府组织，其成员由公众自愿申请，再经过公共选举产生。居民通过各类理事会和委员会参与城市治理决策、提供咨询意见、监督政策执行，同时作为"城市之眼"对政府权力起到监督制衡作用；二是通过社区自治组织参与城市治理。美国社区最能体现1620年"五月花号公约"内在的自治精神。自20世纪70年代起，美国开启了"社区复兴"的历程，城市基层的公民参与收到持续的重视和强化。大多数美国城市社区实行高度自治，由居民和社区利益相关人选举社区理事会（Community Board）等社区管理机构，再根据需要设立相关专业委员会协助开展工作。比如美国西雅图市设立了200多个社区理事会承担本社区管理服务工作，通过与政府签订合

同或自主承担社区基础设施管理、停车服务、各类活动筹备、公共秩序维护等工作；三是通过居民集体行动参与城市治理。托克维尔在《论美国的民主》一书中论述了美国人的结社传统，美国的各类商会、工会、协会、行会都是居民参与城市治理的重要渠道，通过组织社团进行"集体行动"，提高了诉求表达的效果、督促政府提高治理绩效、提高公民的参与精神。从政府角度来看，美国各城市政府建立了一套调动公众参与城市治理的完整机制。一是注重事前公示，各市议会讨论城市治理议题前会提前较长时间向居民发出通告，让居民有充足的时间做准备；二是注重决策公开，美国有发达的听证程序，政府运作公开透明、"阳光运行"。政府的会议及决策过程向公众和媒体开放，居民可以自由参加旁听，发表自己的观点；三是鼓励参与，美国建立了一套志愿者服务制度，将居民信用等级评价、个人纳税情况和企业奖金发放与其参与志愿服务时间挂钩，鼓励居民参与城市治理、提供志愿服务。四是鼓励监督，以城市规划为例，美国各个城市发展方向、城市布局、土地性质、各分区的详细规划都是在法治的框架内进行公开讨论和利益协调的结果，利益相关者对自身权利义务都非常清楚，如果执行过程有任何改动，马上就会有人提出质疑。

（四）引入现代治理工具，推进城市治理信息化水平

美国城市治理注重利用计算机、数据库、通信网络、人工智能、物联网、多媒体等现代治理工具，推进城市治理现代化。一是建立"电子政府"提高城市治理能力。美国从20世纪90年代初开始大力发展电子政务，在"以公众为中心、以结果为导向、以市场为基础、以便捷为目标"理念引导下，打造"指尖上的政府"，提出"让人们点击鼠标三次就能够办事"，方便了居民办事和参与城市治理。另一方面，政府内部实现了管理信息化，政府行政效率大大提高，同时极大降低了城市治理成本；二是运用大数据提高城市治理效能。人类正从IT（信息技术时代）时代走向DT（数据技术时代）时代，大数据以其容量大、速度快、价值大、成本低、实用性强等特点，给美国城市治理带来了革命性变革。2012年，美国政府颁布了"大数据的研究和发展计划"，同时"大数据社会福祉"（big data for social good）运动席卷了以美国为代表的发达国家，通过引入大数据技术，极大提高了城市治理的民主化、开放性、科学性和精细

化。比如纽约消防局筛选了建筑、消防、经济、治安、城市建设等政府部门的数据，从当中找到60多个与火灾发生关联度最大的数据，并以据此计算出建筑火灾的危险指数。根据这一指数，消防局派遣消防员加强对高危区域的日常排查，极大降低了火灾的发生概率；三是建立城市地理信息系统（GIS）提高城市治理水平。城市地理信息系统是一个以计算机为核心的城市动态管理系统。它具有管理功能、评价分析功能和规划预测等多种功能：可以对城市的交通网络、投资环境、规划管理、企业选址或工程效益等进行评价分析、提出方案；提高应对诸如洪水、火灾等突发性事件的能力，做出快速反应；根据城市现状、发展趋势和潜在能力等综合因素预测城市未来发展状况。比如美国凤凰城建立了完善的地理信息系统，提高了在地下管道、供电网络、邮政网点、道路交通等城市基础设施管理方面的管理水平，极大提高设计与施工、设备维护与故障排除、线路改造等方面的效率，产生了巨大的经济社会效益。

（五）完善法律保障体系，提高城市治理制度化程度

美国具有深厚的法治传统，城市治理的现代化与其法治化进程是同步的。从理念方面来看，基于对人性弱点的深刻认识，他们力图建立一套能够有效约束权力的制度安排，建立一道阻止权力滥用、权力腐败、权力侵犯公民权利的屏障。以宪法和法制约束权力，政府的权力只限于宪法和法律明确赋予的范围，宪法和法律无明确规定的权力，政府绝对不可以行使。从体制方面来看，美国各级政府都采用了立法、行政、司法"三权分立"模式，各大城市的治理都深深扎根于这一政治体系当中，三权分立的运行机制，把美国城市治理中的法律制定、行政管理及执法监督三方面互相制约的因素密切联系在一起，而且使城市治理活动能够在各个城市都能进行有效的自我调整和修正，形成良性内部循环机制，极大减少了强制干预和行政监督。从机制方面来看，美国在城市治理方面建立了一套比较完整的依法治理机制。比如在美国高楼林立的纽约市，20000多个街头摊位井然有序地遍布城市各个角落，形成了一道独特的"街头摊贩景观"。虽然没有专门的"城管"部门，但纽约市通过一套完整的立法、执法和监督体系，实现了街头摊贩的有序经营。按照纽约市法律规定，从事街头销售必须要取得许可执照，无照销售有可能面临被拘捕的风险。摊位必须离开

路沿0.4米、离十字路口、地铁口3.48米。违反城市治理相关法律，会被处以最高500美元的罚款。纽约市对执法过程也做了严格法律规定。执法人员通过口头或书面形式通告有违法行为的当事人，如果有多项违规行为，当事人会收到违规行为名单列表及一份传讯通知书。小贩有权要求对方出示证件，也有权自行拍照存证。管理者与当事人共同维护法律的权威，相互理解与尊重，形成了良性的城市治理生态。

三、美国推进城市治理现代化对我国的启示与借鉴

（一）引入现代治理理念，推动城市治理理念现代化

坚持以人为本、服务为先。城市治理现代化要贯彻以人为本的原则，实现好、维护好、发展好人民群众的根本利益。促使各种社会矛盾和社会问题在有序的状态下逐步得到调整和解决，着力保障和实现城市治理中公民的权利公平、规则公平、分配公平和社会保障公平，使社会公平正义得到维护和实现。让社会发展的优秀成果和福祉尽可能地惠及每一个人，实现"包容共享"。城市治理是一个公民增权的过程，城市治理要以增进公民权利为导向，减少或避免因为政府权力扩张而限制甚至侵犯公民权利的事情发生。坚持既有秩序、又有活力。社会共同体要正常运行，必然需要建立一定的社会秩序，"维系社会秩序"是人们从事一切活动的基础条件，是城市治理的核心要义之一，城市治理的其他任务都是围绕"维系社会秩序"这一核心任务派生和展开的。强调社会秩序和激发社会活力存在一定的矛盾，强调城市管理的时候，可能会把社会"管死"，陷入"一管就死，一放就乱"的怪圈。推进城市治理现代化要把二者有机结合起来，实现秩序和活力并存。社会创造力和活力的源泉在于民众，因此要提倡和鼓励社会创新，充分发挥人才和知识的作用，为社会发展提供可持续的动力源。

（二）完善城市治理结构，推进城市治理体系现代化

充分发挥政府的"元治理"作用。各类社会组织参与城市治理变革了过去城市治理的"国家中心模式"，对政府在维护城市公共秩序和处理公共事务中起到了协同作用，同时也带来了一定的挑战，对公共秩序维护和政府的行政方式

变革提出了新要求。在我国的城市治理体系中，政府部门起主导作用，负责承担引领指导和制定行为规范等职能，扮演"元治理"角色，因此政府有责任引领、监督各类社会组织合理有序规范地参与城市治理。促进不同城市治理主体建立共同的愿景，鼓励社会组织创新其活动及发挥作用的形式，弥补现有城市治理模式的不足。政府部门通过建立各种机制促进多元主体合作，加强它们之间在资源依赖和功能互补基础上的沟通协调。提高各类社会组织创新发展能力、专业服务能力、协同治理能力和公信力。2017年6月份，《中共中央 国务院关于加强和完善城乡社区治理的意见》，对城乡社区治理现代化提出了指导意见。目前我国在推进国家治理现代化进程中，各类主体发展面临着难得的机遇。建立党委领导、政府负责、社会协同、公众参与的"一核多元"的城市治理体系势在必行。

（三）创新城市治理模式，推进城市治理机制现代化

现代管理学和信息技术的发展为公共服务提供和城市治理方式的现代化带来了巨大机遇。与美国相比，目前我国政府预算存在编制时间短、细化程度不高、透明度不强、公众参与较低等问题。下一步要借鉴国外在政府预算编制方面的经验，在编制程序、细目分类和预算执行等各个环节中改进提高，确保城市治理预算能够体现公共财政的要求，战线政府提供公共服务的职责和导向。借鉴美国的城市治理经验，要通过各种方式途径，进一步引入竞争机制和市场机制，不断扩大非政府组织提供公共服务的范围和参与城市治理的深度和广度，降低政府的行政成本，不断提高政府服务效能。借鉴美国城市治理在政府购买服务方面的好做法，借鉴其在选定服务机构、制定服务价格、管控服务成本等各个方面的有益经验。建立完善政府在签约外包城市治理公共服务中的管理机构，完善有关监管部门对签约外包及特许经营在质量、价格和效率方面的监管责任，不断提高其监管能力。进一步改善政府部门在购买公共服务中的合同签订、合同实施和绩效评估等多个方面的监管途径。

（四）利用现代信息技术，推进城市治理工具现代化

数字时代特别是大数据时代的到来极大推进了城市治理信息化发展，在美国城市的网络化治理结构中。网络信息技术内在的继承能力实现了信息的有效

整合，促进了城市治理现代化的发展。现代信息技术可以有效缩短政府部门之间及其与非政府组织的距离，突破不同治理主体之间协调沟通的壁垒。城市治理的网络化对信息技术的依赖性较强，治理网络中的各个主体通过信息技术可以进行不间断的沟通交流及知识经验共享，最大限度减少因为信息不对称造成的误解和低效。我国城市治理中在引入现代信息技术方面做了大量工作，但与美国发达城市相比，还存在一定的差距。因此，未来我国城市治理现代化要加大政府对信息化治理的投入力度，依托城市信息治理平台，提高各类信息化治理平台的整合程度，突破政府、市场及社会助理兼的沟通壁垒，实现多元主体治理的高效化。

（五）加强法律法规建设，推进城市治理制度现代化

当前我国在城市治理中的很多问题，有一大部分是因为法律法规没有有效落实执行所导致的。提高城市治理的现代化程度，除了要运用好经济杠杆和教育宣传手段之外，更多的要运用好法治手段，实现依法治市。目前我国在城市治理方面的法律法规还存在覆盖不全面、可操作性不够、碎片化严重等问题，下一步需要在这些方面进一步进行补充和完善，让城市治理真正能够有法可依。用法治去减少城市治理中的侵权、越界现象，惩治城市治理中的各类腐败问题，特别是打击各类建设、规划中的违法违规行为，逐步消除"朝令夕改"、"以权代法"等突出问题。在城市治理法律实施方面，要更加注重法律的执行和落实，强化对各类执法行为的监督，减少执法过程中的随意性。通过有法必依、执法必严来确立和维护城市治理法律法规的权威性、公平性、稳定性、严肃性及有效性。

第二节　新加坡推进城市治理现代化的经验及启示

作为"亚洲四小龙"之一，新加坡是亚洲乃至世界重要的服务、航运中心

之一，是享誉世界的"花园城市"，也是排在纽约、伦敦及香港后的全球第四大金融中心。由于城市规划科学合理、交通基础设施布局得当及绿色宜居的城市生态环境，即便在每平方千米7615人的高人口密度下，新加坡也没有出现"城市病"。其城市治理经验值得学习和借鉴。新加坡是全世界面积最小的20个国家之一，它位于马来半岛的南部，有420万人口，由一个本岛及63个离岛组成，国土面积为683km²。从1965年新加坡独立算起，其建国仅有52年的时间。作为后发赶超型国家，新加坡从一个"脏、乱、差"的国家发展为世界上最发达的国家和最宜居的城市之一，这一切成绩的取得离不开一套比较成熟完善的城市治理方法模式，新加坡在树立城市品牌的同时为全世界提供了一个城市善治的典范。

一、新加坡城市治理的主要经验

（一）通过科学编制城市规划为城市治理现代化奠定基础

新加坡推进城市治理现代化进程中，非常重视城市规划的科学编制。在城市建设发展初期，新加坡从联合国及多个发达国家聘请专家，坚持"高起点、高质量"原则，花费了4年时间，对新加坡未来30到50年的城市总体空间格局、产业布局和交通体系进行了谋划。为了在有限的城市发展空间内实现土地利用的最优化、为公众提供优质的工作生活环境、实现经济发展与城市发展的协调，新加坡依据"城市中心——城市次中心——城市副中心"的思路将全市划分为55个建设区域，制定了以本岛中心区域为主体的"星座结构"、组团发展的城市空间布局和注重城市生态和古迹保护的城市发展规划，力争实现每一个小区的布局和功能最优化，满足居民的交通、居住、工作和休闲的需求。各类商业网点是新加坡城市规划关注的重点。在大型居住区规划设计方面，新加坡以城市规划引领大型住宅区建设，按照"城市规划——总体设计——建筑设计——景观设计"的程序来进行，同时也以住宅区建设推动城市规划的有序发展。在商业网点规划设计方面，新加坡的商业网点被分为5个不同级别，第一个级别是中央商务区；第二个级别是4个距离市中心大约13km的"区域中心"；第三个级别是5个距离市中心大约6km的"小型中心";第四个级别是6个距离市中心大约2.5km的"边缘中心";第五个级别是分布于各个住宅小区内的"邻里中心"。新加坡每个级别的商业中心都有明确的功能定位,对于商业网点的选址、规模、布局和经营类别做了细致的规范,规定新建商业网点不能影响现有网点的运营,从而节约土地资源,实现了城市商业体系的有序发展。在城市景观设计当中,新加坡非常注重城市组团内基础设计的合理分布,充分考虑自然景观与城市文化的景观轴带设计,实现城市建筑与发展空间和谐有序,对行人和机动车的进出口进行合理规划。

（二）通过完善城市治理体制为城市治理现代化创造条件

新加坡城市治理现代化离不开一套行之有效的治理体制。首先,新加坡建立了一套完整的城市治理方法体系。新加坡城市治理中建立了一整套法规体系、考评制度、经营机制、资金管理及罚款制度。在城市治理法律法规体系建设方面,新加坡城市治理法律具有全面、严格、周密、具体、贴合实际及操作性强等特点,对城市当中的建筑物、园林绿化和广告牌等城市治理硬件都做了具体规定,对于城市治理执法人员的行为标准也做了法律规范,既增强了可操作性又避免了随意性。新加坡城市治理法律的一个重要特点是其严格的罚款制度。除对严重违法行为追究法律责任外,对轻微的违法行为则广泛采用了罚款这一措施。作为一项规制公众行为的措施,新加坡城市治理中的罚款名目众多,涵盖了几乎所有公共治理领域;罚款数额较大,震慑作用强,足以使受罚者不敢再出现同类问题;罚款程序明确、执法严格,政府排抓人督查和抽查罚款执行情况,确保制度落实。其次,新加坡建立了完善的城市治理组织体系。新加坡城市治理遵循"建管分离"原则,其城市治理主要由环保部下属的环境卫生局、国家发展部下属的市镇理事会和公园及康乐局负责。其中市镇理事会负责大部分城市治理的日常工作,其定位类似于我国的城市社区物业,作为城市治理的主体,负责园林维护、环境清洁、基础设施维护、建筑物管理维护及社区改进和翻新工作。作为政府的法定机构,它们之间权责明确,通过定期交流提升城市治理能力。最后,新加坡城市治理建立了一套完整的绩效考评制度。新加坡城市治理考评体系具有较强的系统性,每项指标都具有很具体的评价标准,最大程度减少考核中的主观因素，增强了城市治理评价的客观性和公正性。新加坡城市治理考评项目主要分为城市卫生保洁管理及硬件设施管理维护两个方面，规定城市建筑需要五年粉刷一次，对公共卫生、电梯、电器、开敞空间、娱乐设施的管理维护情况，对公共场所乱丢垃圾、抽烟及各类不文明行为都做了详细考评规定。

（三）通过健全城市基础设施为城市治理现代化提供保障

新加坡从三个方面不断完善基础设施为城市治理现代化提供基础和保障。首先，完善城市基础配套设施，实现公共服务设置标准化。按照便民原则和资源配置优化原则，新加坡非常重视按照中心式和集合化理念来布局城市公共服务基础设施。建立了"区域中心——次区域中心——新镇中心"的公共服务设施体系。新镇依据其规模设立"镇中心——社区中心——邻里中心"，不同级别的"中心"按照人口规模及布局设置相应规模、等级和功能的学校、医疗、商业和交通设施，从而减少居民出行、就近解决民生需要。不同级别的商业基础设施在规模、布局和配置方面都有明确规定：比如"邻里中心"规定设置35个商店、1个超市、2个餐厅、1～2台取款机、2个菜市场，并规定了每种基础设施的必备功能与推荐功能，对其主营业态和组织结构进行标准化规定。其次，科学建设便捷高效的城市综合交通体系。新加坡井然有序的交通离不开综合交通网络的科学规划和严格的交通管理：一是交通体系结构科学、体系完善。新加坡路网规划集成了方格路网和放射状路网的优点，其路网主体架构为环形放射（蜂窝状）结构，路网密度居于世界第三位，道路用地占其国土面积约12%～15%。新加坡的道路由轻轨系统、地铁系统、市政道路和城市快速路四级构成，以地铁为主，以其他方式为补充。新加坡地铁覆盖了本国的大部分地区，保证了整体交通的稳定和高效。二是道路布局合理、对接顺畅、科学管理。新加坡车展通常设在中心区及人流密集区域。将不同类型交通工具换乘控制在合理范围内，实现"无缝衔接"和便捷换乘。另外，为提高人流集散效率，新加坡在重要交通枢纽周边进行高密度和高强度的"商业—住宅"混合开发。在增加路网密度和拓宽道路的同时，在管理上通过ERP调控收费系统和"拥车证制度"控制私家车数量，调节交通高峰时段的车流量，有效缓和了交通问题。

最后，坚持生态优先、注重生态修复，打造"花园城市"。新加坡在国土面积优先的情况下仍坚持培育生态基质，保留了大量生态空间。多维度推进城市绿化建设。一是通过划定"绿线"、设立标准实施严格管控。在规划之处就设定了公园绿地绿线和生态保护区。规定每一个新镇应设立一个$0.1km^2$的公园，每千人应有$0.008km^2$绿地，居住区500m内应设立$0.015km^2$的公园。新加坡目前已有占地$0.2km^2$以上的公园44个，占地$0.002km^2$的街心公园240多个。二是注重生态修复，实行绿道串联，建立多维立体的绿化景观。通过各类绿道将分散的公园绿地串联起来，注重各类主体公园的建设，比如在泄洪区建立雨洪公园，打造滨海湾公园等。通过"生态天桥"将被道路割裂的绿色区域串联起来，实行"打造翠绿都市和空中绿意"计划。要求居民在住宅前插缝绿化，通过绿化屋顶津贴、容积率补偿等奖励措施激励开发商建立屋顶花园、垂直绿墙、天空廊道等多维立体垂直绿化的力度。在各类措施的共同作用下，新加坡近年来已增加了超过$0.4km^2$的空中绿化面积。

二、新加坡城市治理对于我国推进城市治理现代化的借鉴与启示

（一）完善城市治理体制推进城市治理现代化

健全城市治理体制是推进城市治理现代化的前提。一要完善城市治理法规体系。法治化与城市治理现代化是同步发展的，新加坡城市治理成功的保障是在推进城市治理的法治化的同时最大程度减少人治因素。全面深化改革领导小组第十八次会议提出："推进执法体制改革，改进城市管理工作，让城市成为人民追求更加美好生活的有力依托"。我国的城市治理亟待法治破局，未来要以问题为导向，尊重城市发展的规律，以法治建设引领城市治理现代化。二是在城市治理中要严格依法行政。新加坡城市治理以"严"字当头，做到依法行政、执法如山，法律面前人人平等。在我国，执法力量不下沉，市县一级城市治理职能交叉、存在空白、效率低下，是我国城市治理中的突出问题，因此在改革城市治理体制的同时，要着力推进依法行政、严格执法和公正执法，逐步实现法治化、规范化和精细化治理。三是在城市治理中引入柔性因素。我国近

年来城市管理中出现了不少执法人员和当事人的矛盾冲突事件，反映出执法方式方法还有待改进完善。结合我国国情，在城市治理中要将硬性的法治手段和柔性执法结合起来，恰当地引入和采用宣传、说服、教育、协商等手段进行执法，解决城市治理执法中遇到的"钉子"问题和不容易处理的矛盾纠纷。让柔性手段成为依法治理的"润滑剂"，不断提高执法艺术，确保城市治理任务的顺利完成。四是遵循教育和惩罚并举的原则。我国城市治理中既要引入新加坡城市治理中广泛采用的罚款手段，也要注重对市民的法治教育，不断提高居民素质，做到惩防并举，形成良好的城市治理氛围。

（二）健全城市治理体系推进城市治理现代化

新加坡国家发展部下设有建屋发展局（HDB）、城市重建局（URA）、公园暨康乐署等负责城市治理的机构，负责城市规划、建设和管理工作。建屋发展局负责组屋的设计建设和新镇、邻里单位的规划。城市重建局职责包括规划编制、发展控制、城市设计、土地售卖、策略制定、用地规划和文物保护等。城市重建局下设开发控制委员会和城市总体规划委员会，负责城市非公益项目和公益项目的审批和协调工作。康乐署和市镇理事会负责城市日常保洁、园林保养工作。我国城市治理中存在由于缺乏沟通和分工不清而导致的推诿扯皮和交叉管理问题。就世界范围来看，协同治理是当今城市治理的主要方式之一。借鉴新加坡的城市治理经验，明确我国城市治理各部门的主体责任，加强城市治理相关部门之间的沟通协调，建立主体清晰、权责明确、上下联动、协调有力、执法到位、运转高效的城市治理格局，可以有效减少资源浪费，提高城市治理效能。

（三）加强城市文化建设推进城市治理现代化

新加坡作为移民国家，华人、印度人、马来人及其他人种分别占到其人口总数的76.8%、7.9%、13.9%和1.4%，其语言、习俗、文化和信仰都存在差异。为了促进不同族群之间的和谐，新加坡实行了"种族平等相处和文化多元并存"政策，其国花万代兰的唇片四绽，就象征着四大民族和四种语言的平等。新加坡推进英语和本族母语的双语教学制度；佛教、印度教、伊斯兰教和基督教等宗教场所并存；学生混合就读，学校成为不同文化的融合场所；各族群混合居住，政府组屋按照种族比例进行分配；新加坡在推进城市治理现代化进程中，非常注重作为非正式制度安排的精神文化因素的作用。政府通过强调以儒家文化为代表的东方文化教育来增强公职人员的责任心，培养居民对城市治理的责任感。为了培育城市文化，早在2002年，新加坡就公布了"创意产业发展战略"，提出把经济、艺术和科技结合起来，将新加坡建成全球文艺复兴城市、世界文化中心和世界媒体城。为此，新加坡实施了四项重大工程来落实这一战略，分别是："艺术无处不在"（Ares Every Where）、"艺术之旅计划"（Arts Tourism）、"知识新加坡计划"（Knowledge Singapore）、"巧思妙想计划"（Design Singapore），引导资助非政府组织举办各类文化创意活动，调动居民参与文化活动的积极性，建立了3P（Public-Private-People）推动和3E（Every one-Every time-Every where）参与的城市文化发展机制。我国作为多民族国家和儒家文化的发源地，更应当充分挖掘城市的历史文化资源、塑造提升城市形象文化、繁荣发展城市的文化产业、丰富群众的文化活动、培育具有现代文化素质的市民，充分发挥城市文化作为城市治理现代化的助推器作用。

（四）扩大城市居民参与推进城市治理现代化

美国学者雪莉·阿恩斯坦提出："公民参与是对公民权力的一种表述"。居民参与体现在新加坡城市治理的方方面面，比如其市镇理事会就吸纳了许多普通公民。市镇理事会每两个月召开一次理事会会议，会上理事和居民一起商议城市治理中的各类问题。新加坡环境治理中的"3P"模式："people（市民）、private（企业）、public（政府）"，也体现了多元主体特别是居民的参与，通过全国性的宣传活动、强化公众教育、社会志愿者推广等方式让全社会投入到环境保护运动之中。自建国以来，新加坡前后开展了"取缔乱抛垃圾运动"、"反吐痰运动"、"保持新加坡清洁"和"防止污化运动"等几十次全国性的社会教育运动。就我国来看，虽然近十年来某些城市治理领域中的公众参与有所进步，但因为缺乏相关法律规定及制度保障，目前的公众参与渠道、参与程度、参与形式还有待完善。不断完善民众参与城市治理制度，畅通公众诉求表达机制，加强公众和政府的互动，通过公民全方位参与城市治理的体制和机制的建立健全，着力培养市民的公民意识和参与能力，将公民参与的制度体系化、法制化，增进公众参与的规范有序，确保城市治理的科学、稳定和高效。

第七章

国内推进城市治理现代化
的经验启示

第一节 国家制度：从"强制性制度"走向"诱致性制度"

制度问题是一切问题的根本，2014年2月习近平在省部级主要领导干部专题研讨班开班式上发表的重要讲话指出，"必须适应国家现代化总进程……实现党、国家、社会各项事务治理制度化、规范化、程序化，不断提高运用中国特色社会主义制度有效治理国家的能力。"当前我国社会治理中最欠缺的就是制度化、规范化和程序化。以杭州市为例，杭州市的开放式决策为解决这个问题提供了一个范例，共制订了9个地方性法规，使地方政府决策逐渐实现了制度化、规范化、程序化。杭州市上城区在社会组织培育方面也形成了一系列的制度性规范，制订出台了《关于加快推进社会组织培育发展和规范管理的指导意见（试行）》《关于政府购买社会组织服务和绩效评估的实施意见（试行）》等7个社会组织培育发展和社会建设的文件，分别对社会体系建设规划、政策扶持保障、政府购买社会组织服务和绩效评估等作了明确的规定。一系列的政策文件提升了上城区社会组织培育和社会建设的制度化、规范化和程序化水平，对于进一步推进社会治理体系变革有着根本性的意义。正是在实践中不断提升社会治理的制度化、规范化水平，杭州市上城区逐步培育、发展、壮大了一批社会组织，规范了一批维权类社会组织，并支持、奖励了一大批活动形式好、居民满意度高的社会组织，使多元主体协同参与的社会复合治理具备了可能。[①]

随着我国城市化进程的快速推进，城市规模不断扩张，流动人口不断增加、道路交通日益拥堵、生活环境日益恶化等现象给城市治理工作带来了新的挑战。如何通过正确、有效的现代城市治理，既保持城市发展的活力，又能形成良好的秩序，是需要正视和解决的问题。中央城市工作会议指明了一条中国特色城市发展道路，要"坚持以人为本、科学发展、改革创新、依法治市，转变城市

---

① 顾金喜. 城市社会复合治理体系建设研究——以杭州市上城区为例 [J]. 浙江社会科学，2015（3）.

发展方式，完善城市治理体系，提高城市治理能力，着力解决城市病等突出问题"。2012年12月4日，首都各界在人民大会堂隆重集会，纪念现行《宪法》公布施行30周年，中共中央总书记习近平作了《在首都各界纪念现行宪法公布施行30周年大会上的讲话》。他指出，"各级领导干部要提高运用法治思维和法治方式深化改革、推动发展、化解矛盾、维护稳定能力，努力推动形成办事依法、遇事找法、解决问题用法、化解矛盾靠法的良好法制环境，在法制轨道上推动各项工作。"如何有效运用法治思维和法治方式提升城市治理水平，正是值得我们深入思考的重大问题。城市治理的法律制度落后是我国城市稳定和发展的一大瓶颈，换言之，完善的法律制度是城市治理现代化能够顺利推进的根基所在。通过完善法律制度，将广大市民和社会组织看作政府机关的合作伙伴，看作城市共同体管理事务的利益相关者，畅通其利益表达途径，尊重其意见和建议，确保其参与城市治理过程，有利于打破城市管理中公权力的垄断性，也有利于保障广大市民的各项权益，更有利于城市经济社会的稳定与发展。因此，很多地方都非常重视完善城市治理的法律制度。

以南京为例，2011年，国务院法制办委托南京市人民政府与中国人民大学法学院共同完成"城市综合管理立法"重点课题，在课题组提交的研究报告和立法建议稿的基础上，南京市人大常委会制定了《南京市城市治理条例》，经江苏省人大常委会批准，已于2013年3月1日起正式施行。这一条例是我国城市管理立法的最新成果，它以"城市治理"理论为指导，参考了多年来各地城管立法的经验教训，推动了行政民主化和行政方式创新，为中央和地方各级立法提供了参考样本，也为法学研究提供了新鲜素材。①《南京市城市治理条例》作为我国第一部关于城市治理的地方性综合法规，探索建立了人性化、多样化、高效化的新的城市治理模式，其核心思路是推动由"城市管理"向"城市治理"转变，符合当代行政法治发展方向和城市经济社会协调发展要求，具有鲜明的时代性、实践性和针对性。

完善的法律制度为我国城市治理现代化的顺利推进提供了非常好的制度保

---

① 莫于川，雷振. 从城市管理走向城市治理——《南京市城市治理条例》的理念与制度创新 [J]. 行政法学研究，2013（3）：56-62.

障。全国各地的经验告诉我们：城市治理现代化首先要从完善相关法律制度着手，形成完整的制度体系，并通过法律的形式加以制度化、规范化，从而使城市治理现代化能够顺利推进。而从我国城市治理的法律制度保障来看，我国相关法律制度还很不完善，同时，我国的法律制度往往存在着多变、随意性明显等特点，这已经严重制约了我国城市治理现代化的顺利推进。因此，通过借鉴全国各地的成功经验，在我国的城市治理现代化进程中，也亟须建立完善的法律制度，从而能够为城市治理现代化的顺利推进提供良好的制度保障。

　　再以深圳为例，深圳城市治理的突出特色是其城市规划的法定图则。法定图则是由深圳市人大常委会1998年通过的《深圳市城市规划条例》予以确立的，与其他地方实施的控制性详细规划不同之处在于，法定图则体现了规划过程的公众参与程序，详细规划决策权力从规划行政部门向社会人士占多数的规划委员会和图则委员会转移，从而提升规划决策的民主化程度。法定图则打破了规划决策的封闭性，增强了透明性和公众的参与性，特别是半数以上的非公务员委员使城市规划中的长官意志得到了一定程度的制衡。[①]深圳城市治理的另一个制度创新是城市管理市场化试点——城管业务外包的实践。一般来说"合同外包"多在城市建设环节，深圳在城市管理环节引入市场外包具有一定的创新意义。这个试点工作起源于深圳宝安区西乡街道，初衷是为了解决人手不足这个综合执法最突出问题。为此，通过签约外包的方式，培育民营企业当"城市保姆"，购买社会服务，整合资源，借用院校实习生资源，利用社区资源协助执法，逐步形成了"政府主导、企业协同、公众参与"的格局。由于物业保安、院校学生、社区志愿者均不是公职人员，不能依法采用罚款、没收等强制手段，因而只能是口头劝导等柔性管理方式，这是对传统刚性城市管理方式的必要补充和新的有益探索。[②]

　　从制度经济学的视角来说，一种制度及其演变过程，可以用"制度变迁"的视角来进行审视。制度变迁可以分为"强制性制度变迁"和"诱致性制度变

---

① 张国烈. 深圳法定图则的实施及应对建议［D］. 上海：同济大学硕士学位论文，2006：14-15.
② 杨君. 中国城市治理的模式转型：杭州和深圳的启示［J］. 西南大学学报（社会科学版），2011（2）：92-95.

迁"两种类型。"强制性制度变迁"是一种由国家主导、以自上而下的方式进行的制度变迁，而"诱致性制度变迁"则是一种由社会自身主导、以自下而上的方式进行的制度变迁。从我国城市治理制度的产生及其演变过程来看，我国的城市治理制度更多的是表现出"强制性制度变迁"的特征，是一种由政府主导、以自上而下的方式进行的制度变迁。强制性制度的特征决定了其不能充分考虑到制度与外在环境和内在环境的适应性，而诱致性制度的特征决定了其能够充分考虑到制度与外在环境和内在环境的适应性。同时，强制性制度的特征决定了其并不利于城市治理现代化建设的因时而异、因地而异和因人而异，而诱致性制度的特征决定了其有利于城市治理现代化建设的因时而异、因地而异和因人而异的。我国的城市治理制度主要是由政府以自上而下的方式"设计"出来的，不能很好地实现制度与外在环境和内在环境的适应，这样的制度对于城市治理现代化建设是极为不利的。因此，为了更好地设计城市治理制度，必须要充分考虑到制度与外在环境和内在环境的适应性，以自下而上的方式，也就是以诱致性方式来设计城市治理现代化的制度体系。从而使城市治理现代化的制度体系能够更好地"落地"，更好地适应地区经济社会发展状况和人民群众对城市治理的需求状况，从而最终实现有效推进城市治理现代化的目标。

第二节　社会基础：从强国家—弱社会走向强国家—强社会

全国各地在夯实城市治理的社会基础上进行了大量的探索和实践，其中城市网格化体系建设是最典型的实践探索。党的十八届三中全会通过的《中共中央关于全面深化改革若干重大问题的决定》明确提出，要改进社会治理方式，创新社会治理体制，以网格化管理、社会化服务为方向，健全基层综合服务管理平台。未来城市社区网格化管理必须要朝着网络化治理的方向前行才能增强内在活力。

　　近年来，数字化城市管理作为城市网格化管理的雏形，其实质是一种多元主体的城市治理模式，同时也是对传统社会管理模式的整合。简言之，网格化管理并不是对原有城市管理模式的一种完全抛弃，而是对原有传统管理模式的一种深化、整合和拓展。其特征主要体现在这样几个方面：一是在原有行政区划的基础上利用信息技术打破了传统意义上的城市区划空间，实行整体性的统一规划、管理和服务；二是对原有社会管理的行政管理资源、社会治理资源、公共服务资源等进行整合优化，从低效行政向高效服务型政府转变，以切实消除城市管理条块分割的弊病；三是整合原有"管制型"的社会管理体制，理顺市场经济条件下政府与公民、社会组织的关系，将基层政府工作的中心和重心转移到为普通社区居民提供高效、公平和全程的公共服务；四是对单一层级的社会管理方式进行上下联动的综合改革，建构社会综合体和全方位、多层次、多功能的城市管理系统，从组织机构、人员配备及运行方式等方面进行不断完善，从原先的"全能政府""失责政府"向有限政府和责任政府转变，开始注重基层权力向保障公民权利和扩大社会参与、培育公民社会方向深化和提升。①

　　我国城市的网格化管理最先发端于北京原东城区。以北京的网格化发展为例，其发展大致经历了四个阶段。第一个阶段：2004年，北京市原东城区率先实行城市管理网格化，主要是落实市政管理责任，将市政道路、设施等公共区域划分成若干个"万米单元网格"，以维护市政设施物件的安全。第二个阶段：伴随着2008年北京奥运会筹办工作的全面开展，网格化理念又被运用到社会治安领域，作为"平安奥运"的一个重要举措加以实施。网格化从市政管理扩展到社会治安，从管"物"发展到管"人"管"物"。第三个阶段：党的十七大和北京奥运会成功举办后，北京市社会建设工作全面展开，又把网格化引入社会服务管理之中。2010年，北京市推出"社会服务管理创新行动方案"，提出在全市开展社会服务管理网格化试点；2012年，北京市出台文件明确全面开展社会服务管理网格化体系建设，设定了三年基本实现全覆盖的发展目标。第

---

① 　陈荣卓，肖丹丹. 从网格化管理到网络化治理——城市社区网格化管理的实践、发展与走向 [J]. 社会主义研究，2015（4）：83-89.

四个阶段：2015年8月，北京市又出台网格化"1＋3"文件，明确提出"三步走"目标：2015年底基本实现区、街道（乡镇）、社区（村）网格化体系全覆盖；2016年底基本实现城市管理网、社会治安网、社会服务管理网"三网融合"；2017年底基本实现全市网格"一体化"科学运行，达到"全面覆盖、三网融合、一体运行、管用有效"的目标。2016年6月，北京市委十一届十次全会明确提出，到2017年底建成覆盖城乡、功能齐全、三级联动的网格化工作体系，实现城市管理服务一体化运行；充分利用物联网技术，整合各部门图像采集系统，到2018年完成重点监控区域信息采集全覆盖；完善网格化调度指挥平台建设，实现网格常态化、精细化、制度化管理。[①]

继北京之后，全国各地在网格化管理上进行了丰富的探索和实践。作为一种新型的数字化城市管理模式，网格化管理出现了若干典型样本：样本之一是湖北省宜昌市的"一本三化"（以人为本、服务为先，网格化管理、信息化支撑、全程化服务）社会管理新体系；样本之二是河南漯河"一格四员"（首先是划分"网格"，其次是在每个网格配备管理员、协管员、警务员和监督员）运作模式；样本之三是宁夏石嘴山大武口区"4＋6"运作模式（"4"即网格督导员、网格管理员、网格警员、民生助理员等"四员"；"6"即社情民意收集员、环境卫生监督员、政策法规宣传员、计划生育监督员、治安巡逻员、矛盾纠纷调解员等"六员"）；样本之四是山西长治"三位一体"管理模式（它整合资源建设融党的建设、社会管理、公共服务三位一体的网格化社会管理服务信息平台，打造覆盖"区—街道—社区—单元网格"的网格化社会管理新模式）。[②]

杭州的做法同样是夯实城市治理社会基础的成功探索。杭州实践的创新则在于，以城市政府为主导力量的同时，引入多元社会力量参与的复合主体，推进政府的治理化；亦即打破政府单向度、层级化的控制形态，使其与多重社会力量结合，建构互动合作的地方社会行动结构。杭州市由城市政府作为原初动

① 岳金柱. "网格化＋"服务：北京的城市治理创新实践 [J]. 国家治理，2016（25）：38-48.

② 郑泽金，张国祥. 城市网格化管理拓展研究——以宜昌市网格化管理为例 [J]. 湖北行政学院学报，2014（4）：45-48.

力，组织与主导社区管理与服务的展开。2000年初，杭州市成立社区建设领导小组，并引导各区相继成立社区建设领导（协调）小组，强化街道、社区居民委员会的社区建设功能，巩固了其市、区、街道、社区相互衔接的，"两级政府、三级管理、四级服务"的城市社区建设的管理体制。2005年杭州市成立社区服务业发展工作领导小组，2009年组建杭州市社区服务业发展中心；同时市政府积极做好城市社区建设的发展规划，出台各种扶持社区服务业的政策，扩大社区事业发展的财政投入，在政府引导之下推进社区管理与相应的服务业的渐进发展。杭州在推进社区建设的过程中，不断创新社区管理与服务，动员和激励多元社会力量，共同参与社区治理，探索并建构一种政府引领的多元复合、良性互动的社区管理与服务的行动格局。2008年初，杭州市提出"城市有机更新"的发展理念，强调城市社会类似于有机生命体的内在机理与特征；并强调以城市"复合主体"的治理结构，亦即，以党政界、行业界、知识界、媒体界的社会合力，在多重社会力量的参与协商中，推进城市社会事业的发展。具体到社区建设事业的层面，在完善社区管理过程中，各层级政府以不同形式参与社区事务，健全社区组织系统，建构起市区党委政府统一领导，民政部门组织协调，有关部门积极配合，街道与社区自治组织主体推进，社区民间组织、辖区单位、物业企业共同参与的社区建设的运行机制；在提升社区服务过程中，政府主导的市、区、街道、社区服务站四级服务体系之外，引入的多元主体的经营性服务、志愿性服务与社区公众的自助性服务；在具体的社区管理与服务项目实施中，如背街小巷改善、庭院改善、公厕提升改造、危旧房改善等项目，更是引入多元社会主体的力量，在参与协商中实现管理与服务的目标。城市各层级党委与政府以开放性的组织结构，融入基层社区，使基层社区成为政治接点；并以多元复合主体互动合作的行动结构，激活社区管理与服务的社会之轨；在政府与社会的双轨交汇中推进城市政府的治理化，这些构成杭州参与式治理的社会管理创新重要层面。然而，其参与式治理的创新路径更表现于社区时空中多元的公众参与过程。[①]

---

① 陈剩勇，徐珣. 参与式治理：社会管理创新的一种可行性路径——基于杭州社区管理与服务创新经验的研究. [J]. 浙江社会科学，2013（2）: 62-72.

改革开放以来，随着国家力量的削弱、社会力量的强大，国家与社会关系模式逐渐成为国内学术界普遍使用的一个分析框架。在不同的国家－社会关系模式下，城市治理现代化的作用空间是不相同的。那么国家－社会关系有哪几种模式呢？以国家为纵坐标、以社会为横坐标，可以将国家社会关系划分为四种模式：第一种是强国家－强社会模式，这是比较理想的国家社会关系模式，国家具有较强的行动能力，同时社会也具有较强的行动能力；第二种是强国家－弱社会模式，国家具有超强的行动能力，但是社会的行动能力却严重不足，国家在发展过程中起主导作用，后发展中国家在实现现代化过程中往往是这种模式；第三种是弱国家－弱社会模式，国家与社会的行动能力都严重不足，这是最不理想的国家社会关系模式，最不利于一个国家的发展；第四种是弱国家－强社会模式，社会具有超强的行动能力，但是国家的行动能力却严重不足，在这种国家社会关系模式下，国家主要是充当"守夜人"的角色。

国家－社会关系的四种模式呈现出一种阶段性和层次性关系，弱国家－弱社会模式属于国家－社会关系发展的初级阶段，强国家－弱社会模式是国家－社会关系发展的中级阶段，弱国家－强社会模式是国家－社会关系更高层次的发展阶段（这一阶段的弱国家与第　阶段的弱国家是两个概念，这里更多是表现为国家把很多权力让渡给社会），而强国家－强社会则是国家－社会关系发展的最高阶段。国家－社会关系对城市治理现代化的影响是显而易见的：在弱国家－弱社会模式下，由于国家和社会的力量都不足以支撑起城市治理现代化的发展，因此，在这一模式下要想推进城市治理现代化是异常困难的；在强国家－弱社会模式下，城市治理现代化主要是依靠国家的力量在推动，在这一模式下国家的力量是能够有效推进城市治理现代化建设的；在弱国家－强社会模式下，城市治理现代化主要是依靠社会的力量在推动，在这一模式下社会的力量是能够有效推进城市治理现代化建设的；而在强国家－强社会模式下，国家和社会力量都在城市治理现代化建设中发挥了积极作用，因此，这一模式对于城市治理现代化建设来说是最为有利的。可以说，在这四种依次递进的国家－社会关系模式下，越是到更高层次的发展阶段，越是有利于城市治理现代化建设。从当前所处的阶段来说，我国的国家－社会关系处于强国家－弱社会模式，属于国家－社会关系发展的第二个阶段。因此，为了更好地推进城市治理现代化建设，就必须要实现国家－社会关系从强国家－弱社会关系模式向强国家－强社会关系模式转变。

又例如，"深圳市基层公共服务综合平台"以方便基层居民为导向，以技术为支撑，整合大数据，为市民提供无缝隙精准化服务。2016年初，南山区的招商街道被确定为"深圳市基层公共服务综合平台"建设试点单位。在不增设机构、编制的前提下，招商街道将原来位于工业七路的街道社区服务中心更名为街道公共服务中心。在职能方面，中心承接原街道各部门审批服务职能，做到一个部门、一个公章审核审批所有行政服务事项；在服务方面，中心设置了10个综合服务窗口，推行"一窗式"服务，每个窗口都可受理和办理所有行政服务事项，增设一个出件窗口、一个缴税窗口，前者提供非即办预约领证或快递送证上门等服务，后者可代征私人房屋租赁税；在人员配备上，原来需9个部门、18名公职人员轮流调配到大厅工作，现只配备5名全额事业编专职工作人员，即可完成所有后台综合审批；在街道社区联动上，每个社区公共服务站设立2个综合服务窗口，与街道公共服务中心线上、线下对接，线上通过统一受理平台直接互通，线下通过业务流转沟通互动，提高基层服务效率；在服务质量考评上，通过公开招投标，将前台窗口服务委托专业社会服务机构，由"两代表一委员"、社会组织代表、律师等组成街道公共服务绩效评估委员会，通过办事群众即时评价、定期绩效考评、楼栋长联合会反馈的居民评议、第三方专业机构评估等，共同对其服务质量进行监督、考核。①可以说，社会基础的不断夯实为城市治理的顺利开展准备了非常好的前提和基础。

---

① 王慧琼. 南山基层公共服务平台启用［N］. 深圳特区报. 2016年4月29日.

第三节　组织载体：从"依附式组织"走向
　　　　　"合作式组织"

　　党的十八届三中全会提出要推进国家治理体系和治理能力现代化。治理是新公共管理理论的产物，是指"为了实现与增进公共利益，政府部门和非政府部门等众多公共行动主体彼此合作，在相互依存的环境中分享公共权力，共同管理公共事务的过程"①推进城市治理现代化离不开充分发挥组织的作用，这里的组织有很多种类型，包括各种党组织、政府组织、社会组织、市场组织等等。我们知道，个人的原子化状态对于城市治理的现代化是极为不利的，组织能够有效克服个人的原子化状态带来的问题。但是，当前我国很多组织在城市治理现代化中并没有发挥应有的作用，很多组织形同虚设。由政府推动的"社区建设"运动历经多年发展，仍然难以脱离自上而下行政式、模板化的窠臼，其原因在于"社区建设"运动高度依赖于居委会这类基层组织，本质上仍是传统国家治理方式的一种变体，是在政府的扶持下建立的，政府导向特征明显有关，这就使得这些组织丧失了独立性和自主性，限制了其在城市治理现代化中的作用。而居委会无论是掌握的资源、能力还是行动策略上都受此限制，令社区建设的内容实际趋向社会管理与社会服务，且无法自发地导向居民参与和自治。②

　　我国的很多社会组织、市场组织具有两个显著特征：一个是由外而内的特征，这是指很多社会组织、市场组织都是在政府外力的推动下建立的，其"外生型"特征较为明显，导致其"内生型"动力远远不足；另一个是自上而下的特征，这是指很多社会组织、市场组织在开展活动的过程中"自上而下"的特征较为明显，很少以"自下而上"的形式开展活动，因而不能切实反映人民群

①　陈振明. 公共管理学 [M]. 北京：中国人民大学出版社，2003：87.
②　孟超. 从"基层组织主导"到"社会组织参与"——中国城市社区建设模式的一种可能转变 [J]. 学习与探索，2014（12）：31-36.

众对城市治理现代化的现实需求。因此，为了切实有效发挥社会组织、市场组织在城市治理现代化中的作用，必须要实现两个转变：一个是社会组织、市场组织实现由"外生型"组织向"内生型"组织转变，另一个是社会组织、市场组织在参与城市治理时要实现由"自上而下"方式向"自下而上"方式转变。这两个转变的目的是增强社会组织、市场组织的独立自主性，使社会组织、市场组织从依附式组织走向合作式组织。

城市治理中遇到的一些难题单纯通过政府组织是难以有效解决的，这就需要借助于社会组织和市场组织的力量，因而需要涵盖党组织、政府组织、社会组织、市场组织的多层次服务体系。拥有坚实的组织载体同样也是城市治理现代化能够顺利推进的根基所在，因此，很多地方都非常重视夯实城市治理的组织载体。在众多的组织载体中，有两个组织载体是最为突出的。

一个是要夯实城市治理的党组织基础。2015年习近平总书记参加全国"两会"上海代表团审议时要求，"要把加强基层党的建设、巩固党的执政基础作为贯彻社会治理和基层建设的一条红线"。上海认真学习领会中央精神和总书记讲话，努力探索党建引领推进社会组织参与社会治理的途径方法。上海深化党建引领推进社会组织参与社会治理，进一步巩固党的执政基础、夯实党的群众基础。在加强社会组织党建格局上下功夫，落实责任完善机制。构建层层抓落实的党建工作格局；落实责权明确的党建领导责任；完善联动合作的党建工作机制。在发挥社会组织党建作用上下功夫，扩大覆盖发挥作用。近年来，上海落实"党要管党，从严治党"的要求，确保社会组织的健康发展。一是按照"应建尽建"原则扩大党的组织覆盖和工作覆盖。二是发挥党组织的政治核心作用和党员的先锋模范作用。三是强化社会组织党建工作的基础保障。[①]

另一个是要夯实城市治理的社会组织基础。党的十八届三中全会通过的《中共中央关于全面深化改革若干重大问题的决定》指出，"激发社会组织活力，适合由社会组织提供的公共服务和解决的事项，交由社会组织承担"。北京市为创新社会组织管理体制，构建了"枢纽型"社会组织工作体系。2009年3月，

[①]　社会协同公众参与 推动基层治理创新——"第七届全国部分省市社会建设（上海）年会"精彩发言摘录［N］.
　　解放日报，2016年9月28日.

北京市认定了工、青、妇等10家人民团体为第一批市级"枢纽型"社会组织。这些"枢纽型"社会组织积极发挥作用，取得了明显成效，特别是在完善基层社会服务管理体系、引导社会组织参与社会公共服务等方面探索出了许多好的经验和工作亮点。2010年底，北京市认定了市工商联、市贸促会等12家单位为第二批市级"枢纽型"社会组织。2016年最新又认定15家市级"枢纽型"社会组织。截止到目前，北京市级"枢纽型"社会组织总数已经达到51家，服务管理社会组织覆盖率达到90%以上。认定区级"枢纽型"社会组织231家，街道、乡镇级467家，基本形成市、区、街三级"枢纽型"社会组织工作体系框架。2016年北京印发了《市级"枢纽型"社会组织业务工作规范》和《街道"枢纽型"社会组织培育发展社区公益服务项目指南》，从制度层面对"枢纽型"社会组织工作进行了规范。

以杭州市上城区的社会复合治理的实践创新为例，复合治理强调多元主体间的合作共治，期望实现国家、社会、居民等众多社会治理主体在相互依存的环境里彼此合作、有效整合，实现治理绩效的最优化和"善治"。上城区于1949年10月23日就成立了新中国第一个居委会，经过60余年的探索实践，在社会建设方面系统性地开展了333+X社区大服务体系建设，逐渐建构起了多元主体协同的社会治理新体制。一是着力培育了一个多元主体联合而成的复合型社会组织，培育了民间物改办、草根质监站、邻里值班室、湖滨晴雨、"异乡姐妹心灵港湾"等一大批社会治理主体。这些主体既是个体居民广泛参与治理的社会网络组成，也是各种跨组织的复合过程，通过个人特色专业延伸、交叉兼职形成复合协同效应，因而被誉为"复合主体"。二是建构了"区级社会组织服务中心、6个街道社区社会组织服务中心、54个社区社会组织联合会"的区、街、社区三级社会治理网络。这三级治理网络以民生需求为导向，按照共建共治共享的理念，形成了公共服务"吸纳供给"与"合作供给"的有效整合和社会多元主体协同治理。通过三级网络和社会多元主体的复合协同，上城区社会治理主体相应的由单一向复合转型，公共服务渠道由单一向多元转型，社会治理网络由简单向复合转型，构建了"上下联动、区域联动、社会联动"的网络化服务机制，实现了从"单边主导"向"双向互动"的转变，推进了基层治理机制、模式的变革创新，逐渐形成了新型的复合型社会治理体制，实现了功能叠加、人员复合、资源整合和绩效优化。①

为了摆脱"依附式组织"的尴尬地位，进一步夯实城市治理的组织基础离不开良好的社会环境，这里的社会环境涵盖经济、社会和文化三方面内容。从经济层面来说，必须要强化措施，加大对城市治理相关参与组织的资金投入力度；从社会层面来说，必须要充分发掘社会资源，为城市治理相关参与组织提供更多的资源和机会，让其参与城市治理的途径更加顺畅；从文化层面来说，必须使全社会形成对城市治理相关参与组织的高度认同，使其在接纳和认同的氛围中积极参与城市治理。当前全社会对城市治理相关参与组织的扶持力度很大，在经济、社会和文化等各个方面都有体现，不仅表现在资金投入和提供更多机会上，还表现在营造良好氛围上。但是当前对城市治理相关参与组织的扶持更多的还是一种"输血式"扶持，"造血式"的扶持还是比较欠缺的，"造血式"的扶持更加有利于夯实城市治理的组织基础。因此，务必实现从"输血式"扶持向"造血式"扶持转变，从而能够真正使城市治理的相关参与组织实现从"依附式组织"走向"合作式组织"。

第四节　群众参与：从"消极性参与"走向 "积极性参与"

党的十八届五中全会通过的《中共中央关于制定国民经济和社会发展第十三个五年规划的建议》提出了"坚持以人民为中心的发展思想"的重大命题。这一重大命题，遵循了马克思主义唯物史观基本原理，坚持了马克思主义政治经济学的根本立场，是中国共产党发展思想的继承和发展。坚持以人民为中心

---

① 顾金喜. 城市社会复合治理体系建设研究——以杭州市上城区为例［J］. 浙江社会科学，2015（3）.

的发展思想，就是坚持人民主体地位，坚持人民至上，坚持发展为了人民，发展依靠人民，发展成果由人民共享。在我国城市治理现代化进程中，必须认真贯彻"坚持以人民为中心的发展思想"。推进城市治理现代化离不开充分发挥人民群众的主观能动性。从个人层面来说，必须要加强引导，着力发挥人民群众的主观能动性。城市治理现代化不仅需要政府、社会和市场的积极参与，更离不开人民群众的积极参与。对于城市治理现代化来说，国家、社会和市场层面的因素都是外在力量。要想真正推进城市治理现代化，最终还是需要依靠人民群众实现由"消极性参与"向"积极性参与"的转变。

目前，我国城市治理中的公民参与主体主要为：拥有参与需求的公民，既包括个体公民，又包括由个体公民组成的民间组织；参与领域为：法律赋予公民可以参与的各个公共领域，其主要特征就是公共利益和公共理性的存在；参与渠道：听证会、公民投票、民意调查、公民咨询、共识性会议等。可以说，近年来我国公民参与城市治理已经得到了快速发展，更多的公民参与意识被唤醒，更多的利益主体对公民参与表示了接受与支持，公众"消极性参与"逐渐向"积极性参与"转变，形成了前所未有的新格局。[①]全国各地在这方面的实践探索非常丰富，以广州为例，广州历来是一个开放包容的城市，在尊重和倾听民意方面一直都有很多很好的经验和做法，2012年更是首创"公咨委制度"，为有效整合社会民意，推动公众有序参与提供了一条新的思路。"公咨委制度"是2012年在广州市白云区同德围地区综合整治的过程中应运而生的。2013年4月12日，广州市公布实施《广州市重大民生决策公众意见征询委员会制度（试行）》该制度明确指出，公咨委制度是政府重大民生决策征询民意的重要实现形式，是政府决策过程中问需于民、问计于民、问政于民、问效于民，尊重并保障公众知情权、参与权、表达权、监督权的重要载体和平台。在此政策的指引下，广州又陆续成立了其他多个公众咨询监督机构，如花都区城市废弃物处理公咨委、市城市废弃物处理公咨委、越秀区东濠涌（中北段）综合整治工程公咨委、市社会医疗保险公咨委以及市重大城建项目公咨委、金沙洲综合整治

---

① 王胜本，李鹤飞. 利益视角下城市治理中的公民参与研究［J］. 山东科技大学学报（社会科学版），2015，17（1）：76-80.

公咨委、白云山隧道公咨委、广州大桥扩建工程公咨委等，这些机构在推进和实现民意与政意的有效对接以及促成治理项目持续有效完成方面都发挥了重要的作用。①广州的"公咨委制度"不仅拓宽了民主的深度，同时关注决策的过程和决策的结果，还拓宽了民主的广度，有效融合了多数人的意见和少数人的意见。可以说，广州在群众参与上的这一创新做法为城市治理的顺利开展提供了非常坚实的群众基础。

近年来，让政府领导干部在电视演播厅里与民众进行面对面的交流、直面现场提出的种种问题，并给出承诺和解决办法的电视问政，先后出现在湖北、浙江、湖南、江苏、甘肃等地，倍受社会关注。这一创意可以追溯到2005年兰州市的"一把手上电视"栏目，时任兰州市委书记的陈宝生于5月份提出构想，6月17日，"一把手上电视"开机仪式在兰州电视台演播厅举行，市委书记陈宝生第一个带头出镜。城市治理创新的过程，是公众深入参与城市发展管理、维护自身民主权利的过程；更是城市政府完善职能履行、提升治理能力、建设新型政府的过程。电视问政节目创新性地将群众、媒体和政府三者的监督力量融为一体，搭建了政府和公众面对面交流的平台，在促进城市治理发展中发挥了积极作用。可以说，电视问政极大增进了市民对城市问题的理解，充分调动了市民参与城市治理的积极性。以2015年武汉市电视问政"期中考"六场直播为例，其收视份额创近五年新高：直播观众总人次701.1万，观众总人次（含重播）874.56万。问政期间，共有174万人次通过武汉广电新媒体平台参与互动，其中，通过"掌上武汉"参与问政的网友达到133万人次，57.3万人次在"掌上武汉"参与问政满意度测评投票。另外，"掌上武汉"共收到市民有效报料10230条。②可以说，电视问政是在城市治理过程中实现人民群众从"消极性参与"走向"积极性参与"的有效路径。

城市治理过程的实质在于解决公共问题，必然涉及利益问题的讨论、利益关系的调整，以及利益矛盾的解决。在推进城市治理现代化的过程中，要让人

---

① 万玲. 公民有序参与城市治理的机制创新 [J]. 特区实践与理论，2016（3）：24-27.

② 胡桂林. 难度成就高度——2015 电视问政"期中考"回眸，2015年9月15日，ttp://www.whtv.com.cn/hsh/201509/t20150915_615276.shtml，

民群众从"消极性参与"走向"积极性参与",不得不提及"利益"二字。从某种程度而言,公民参与城市治理的过程就是公民利益与其他社会利益相互竞争、博弈的过程。这一纷繁复杂的过程中充斥着各种矛盾和纠纷,但基本遵循着一个线性路径(图7-4-1)。因此,在推进公民参与城市治理的过程中,有以下四点建议:

图7-4-1　公民参与城市治理的线性路径

　　首先,要建立规范的公民参与教育和培训制度,提高公民参与城市治理的意识,促进公民利益觉醒。一要不断加强公民的参与主体意识和权利意识教育。公民只有具备了主体意识,才能认识到自己是城市治理的主人,才有参与城市治理的使命感和热情;只有具备了权利意识,才能实现利益觉醒,在城市治理中进行利益诉求,为维护自己利益提出建议与对策。建立规范的公民参与教育制度,不仅能提高公民的参与意识和水平,还可以增强公民对治理政策的理解,形成多主体的治理合力,提升城市治理效果。二要培养和提高公民参与城市治理的能力。高校和各级政府机构应当承担起公民参与技能、技巧培训的使命和任务,而政府则应作为培训的组织者和带头人,在培训中发挥核心作用。美国早在20世纪上半叶就设立了基金项目,对公民参与 城市治理、社会管理的技能进行培训。在我国这样一个公民参与意识不高、技能不强的国家,更应该重视公民参政能力的培养,形成良性教育机制,最大程度的保证公民利益,实现公民自治。

　　其次,创新公民参与形式,拓宽公民参与渠道,完善多元利益表达机制。公民是城市治理主体 中比重最大、利益诉求最为松散的主体,如何明确表达公民的利益诉求,是政府和社会应该高度重视的问题。要主动增强政府与公民之间的互动与合作,建立良好的政民关系。我国由于历史的原因,民主力量的形

成大都来自政府自上而下的推动，加上长期计划经济的影响，党和政府在政策
问题上的主导作用，导致了我国政策决策呈现出"单方案决策"的特征，成为
公民参与政府决策的障碍之一。因此，要加强政府与公民间的互动，引导公民
参与到城市治理的利益选择和利益分配过程中，主动向政府表达自己的意愿和
利益需求，获取较高的利益实现程度；要积极推进公民参与城市治理形式多样
化、主体多元化，主动拓宽公民参与渠道。我国现行的公民利益表达机制主要
有：公开听证制度、信访制度、大众传媒窗口、民意调查、领导接待日、热线
电话等，可以说公民利益表达机制得到了充实和规范。随着信息网络技术的发
展和普及，还应开辟公民参与的多元化、互动化渠道，如公民可以利用网络终
端，以电子邮件、视频会议、电子市政厅等形式参与到城市治理中来，扩大参
与范围；政府也可以通过网络增加城市治理相关信息的发布与意见收集，对相
关政策进行解读，提高政策的认可度和执行力，实现政府决策的民主化、科学
化，促进公民利益和公共利益的实现。

第三，丰富社会公众组织，形成公民参与合力，优化利益综合、竞取和博
弈机制。社会公众组织是独立于政府之外的民间组织，发挥政府与公民之间的
桥梁作用，一方面，进行个体公民利益的收集整理，对不同的利益诉求进行综
合、比较、分析，选定符合大多数公民利益的最优方案，促使个体呼吁成为集
体声音，形成利益合力，提升公民利益的博弈能力，促进公民利益的实现。另
一方面，按照政府的决策需求，有目的、有方向的征求公民意见，主动吸纳公
民参与城市治理，促进决策民主化、亲民化、科学化，实现城市治理综合利益
最大化，不断增强公民对城市的归属感，提升公民幸福指数和城市治理水平。

最后，建立健全公民参与城市治理的制度体系和法律体系，构建利益整合、
利益分配、利益补偿机制。一要建立公民参与的制度体系。目前我国公民参与
城市治理的最大制度缺失是：公民参与不是公共政策制定的必经程序。因此，
要建立和完善包括听证制度、政务公开制度、民意调查制度等在内的公民参与
制度体系，使其成为城市治理中公众参与的惯性机制，而非针对某一特殊问题
设定的特定环节，成为城市治理的"规定动作"而非"自选动作"，从而保障公
民利益的表达、整合与实现。二要完善参与制度建设。近30年来，我国各级政

府从公民参与、公民自治、公民利益诉求等多角度，进行有益的制度创新探索，为公民参与相关制度建设积累经验。公民参与的制度是否健全，直接影响公民利益的整合、分配与补偿是否科学，影响着公民利益的实现程度，影响公民参与的热情和效果。随着公民的利益觉醒和参与意识的增强，要建立更完善的参与制度，更加准确地反映公民意愿，保障公共利益。要提高公民参与的代表性，给不同的公民或公民组织平等的利益诉求机会，对多元公民主体的利益进行综合、竞取，统筹利益分配与补偿，实现公众利益最大化；要降低公民参与成本，简化公民参与城市治理的相关程序，避免程序过于繁琐，给公民造成的挫败感、弱势感，同时由政府主动承担部分成本，保持和促进公民参与的热情，实现公民参与的良性互动。[①]

---

① 王胜本，李鹤飞. 利益视角下城市治理中的公民参与研究［J］. 山东科技大学学报（社会科学版），2015，17（1）：76-80.

第八章

青岛市市北区城市治理
现代化对策建议

第一节　准确把握城市治理现代化的发展方向

随着我国经济社会的全面发展，城市治理现代化面临着新形势、新任务、新要求，准确把握这些新形势、新任务、新要求，明确城市治理现代化的发展方向，对于城市治理现代化具有不可替代的重要作用。城市治理现代化面临的新形势、新任务、新要求集中体现在两个方面。

一是要在"四个全面"战略布局中规划城市治理工作。2014年12月习近平总书记在江苏调研时提出，要"协调推进全面建成小康社会、全面深化改革、全面推进依法治国、全面从严治党，推动改革开放和社会主义现代化建设迈上新台阶"。"四个全面"战略布局是以习近平同志为总书记的党中央治国理政战略思想的重要内容，闪耀着马克思主义与中国实际相结合的思想光辉，饱含着马克思主义的立场观点方法。"四个全面"战略布局全面确立了新时期党和国家各项工作的战略方向、重点领域和主攻目标，对于深化城市管理体制改革，实现国家治理体系和治理能力现代化具有十分重要的指导意义。要全面把握"四个全面"战略布局对城市治理工作的新使命、新任务、新要求。首先，全面建成小康社会必然要求全方位提升城市治理现代化的能力和水平，增强城市治理现代化供给与需求的匹配性，为高水平全面建成小康社会贡献力量。其次，全面深化改革必然要求城市治理工作从"浅水区"走向"深水区"，从"点上突破"走向"面上铺开"，从"侧重探索"走向"侧重完善"，从"表层改革"走向"深层突破"。第三，全面依法治国必然要求城市治理工作深入贯彻党的十八届四中全会精神，更好发挥法治在推动城市治理现代化中的引领和规范作用，在城市治理的各项工作中都严格落实有法可依、执法必严、违法必究。最后，全面从严治党必然要求城市治理工作全面贯彻落实十八届六中全会精神，把"政治意识、大局意识、核心意识、看齐意识"融入城市治理的各项工作中，落实为各级领导干部和广大党员的日常行动。

北京市石景山区谱写了"四个全面"战略布局在基层的生动实践。北京市石景山区坚持以"四个全面"战略布局为指针，认真落实市委、市政府《关于开展区县城市管理体制改革试点工作的指导意见》部署，突出党建统领关键，聚焦行政综合核心，抓住执法下沉根本，把握群众高兴标准，积极开展城市管理体制改革试点工作，探寻治理首都"大城市病"的有效措施和办法，经过半年多的实践探索，建立起了主体清晰、责权明确、上下联动、协调有力、执法到位、运转高效的城市综合管理新体系，进一步提升了城市治理能力和精细化管理水平，前来检查指导工作的郭金龙书记、王安顺市长及其他市领导多次给予了充分肯定，来自国家部委、清华大学等各方面专家教授经过多次充分论证后也给予了高度好评，纷纷称赞是"四个全面"战略布局在基层的生动实践。石景山区坚持把"提高城市精细化管理水平，创建环境优美、整洁有序、文明和谐、群众满意的美丽石景山"确定为城市管理体制改革的总体工作目标，既体现了区委、区政府强烈的群众观念和群众标准，又体现了推进落实全面建成小康社会战略目标的强大决心。通过半年多的改革试点实践，进一步理顺了城市综合管理体制机制，大大提升了城市管理精细化水平，改善了群众生产生活条件，群众脸上露出了满意的笑容。据调查结果显示，群众社会支持度达97.8%，总体效果满意度达99.1%。石景山区紧紧抓住深化城市管理体制改革这个事关国家治理体系和治理能力现代化的重大课题，以实施"行政综合"为核心和突破口，积极探索新常态下城市管理的新方法新途径，以全面深化改革的精神着力解决部门分工过细、职责交叉、多头管理等城市管理中长期存在的突出问题，不断提升城市治理能力和精细化管理水平。石景山区始终把建设法治政府、法治社会，强化依法执政、依法行政作为深化城市管理体制改革的着力点，突出"法治综合、执法下沉"这一鲜明特点，赋予街道属地管理全权、全时、全管、全责的"四全"职责，将职能下放到基层，管理重心下沉，让基层有能力直接解决问题，从而使多头执法、推诿扯皮等一些掣肘城市管理的"老大难"问题得到了较好解决。石景山区在学习贯彻"全面从严治党"战略思想的过程中深切体会到，开展城市管理体制改革试点工作，各级党组织是核心，各级党员、领导干部是关键，必须认真落实"党要管党、从严治党"要求，把强化党建统领放在首位，坚持两手抓，一手抓构建城市综合管理坚强有力的组织领导体系建设，一手抓发挥党建统领在推进深化城市管理体制改革中组织保证作用，确保了各项改革试点任务的顺利完成。[①]

二是要用"五大发展理念"科学推进城市治理现代化。十八届五中全会提出了"创新、协调、绿色、开放、共享"五大发展理念，丰富和发展了中国特色社会主义理论。五大发展理念既各有侧重，又相互依存、融会贯通，既有理论创新意义，又有实践指导作用。切实贯彻五大发展理念，是关系我国发展全局的一场深刻变革。我们要认真学习、深刻领会，自觉运用五大发展理念来推动城市治理现代化。为满足新时期城市治理需求，破解城市治理难题、增强城市治理动力、厚植城市治理优势，必须深入贯彻"五大发展理念"，汲取先进理论成果。首先，创新发展理念启示城市治理要在理念、体制机制、服务等方面进行创新。习近平总书记在多个场合强调创新始终是推动一个国家、一个民族向前发展的重要力量，是引领发展的第一动力，必须把创新摆在国家发展全局的核心位置。对于城市治理现代化来说，要重点抓好理念创新、体制机制创新、服务创新，积极探索有利于破解工作难题的新举措、新办法。其次，协调发展理念启示城市治理要注重统筹协调、形成合力。紧密结合城市治理中存在的区域发展不平衡的实际，按照"稳强补弱、协调发展"的基本思路，化解城市治理中存在的诸多发展不平衡问题。第三，绿色发展理念强调城市治理要坚持可持续发展。绿色发展既是经济社会持续发展的必要条件，也体现了人民对美好生活的追求，旨在形成人与自然和谐发展的现代化建设新格局。城市治理要认真理解绿色发展理念内涵，自觉践行绿色发展理念，努力建设绿色、低碳、环保城市；开放发展理念强调城市治理要面向社会，调动一切积极力量。第四，开放发展理念核心目的是为了实现发展的内外联动。城市治理要坚持主动开放、双向开放、公平开放、全面开放、共赢开放的理念，实现城市治理的开放式发展。最后，共享发展理念要求城市治理坚持以人民为中心的宗旨。党的十八届五中全会提出"坚持共享发展，着力增进人民福祉"，城市治理要筑牢共享发展

---

① 堵锡忠，武斌. 以"四个全面"战略布局为指针推进城市管理体制改革实践探索——以北京市石景山区为例. [J]. 城市管理与科技，2015（5）：24-26.

理念，在新常态下推进城市治理现代化，充分发挥城市治理在服务人民群众中的重要作用。让人民群众共享改革开放的成果，共享城市发展的成果。

第二节　加强城市治理现代化的制度顶层设计

　　制度性因素对城市治理现代化的影响是显而易见的，现代化的城市治理必须要有现代化的制度，必须要用制度现代化来助推城市治理的现代化。根据事物的内外因发展规律，一项合理、科学的制度设计要与环境相适应的，这里的环境可以分为两个方面：第一个方面是外在环境，也就是地区的经济社会发展状况，制度设计必须要与地区的经济社会发展状况相适应，这是城市治理现代化制度设计的外在依据。可以说，地区的经济社会发展状况决定了城市治理制度的内容，如果背离了这一外在依据，城市治理现代化是很难实现的；第二个方面是内在环境，也就是人民群众对城市治理现代化的需求，制度设计必须要与人民群众对城市治理现代化的需求相适应，这是城市治理现代化制度设计的内在依据。只有遵循这一内在依据，设计出来的城市治理制度才是科学、合理、人性化的。如果背离了这一内在依据，城市治理现代化也是很难实现的。

　　法治是实现城市治理体系和治理能力现代化的基本标准，完善的法律法规体系是城市治理的重要保障，美国、新加坡、英国和日本等一些发达国家均建立了较为完备的城市治理法律体系。因此，有必要借鉴发达国家和先进城市经验，制定和完善我国城市治理法律法规体系，对一些不合时宜的法律法规进行及时修订或废止，可以考虑适时出台《城市治理法》，解决部门立法中各种法律适用的冲突问题。积极探索实行"参与性执法"和"轻罪重罚"制度，将一些城市管理执法过程中的取证、规劝等职责委托给市民、社会组织、物业公司等，发挥市民和企业等社会力量共同参与城市管理执法工作。如在美国，市民可以随时随地投诉违规停车、公共场合吸烟、乱扔垃圾等违法行为。日本还专门制定了主要针对城市治理的《轻犯罪法》，只要是危害社会或影响公共秩序的事项（约30多项）都定性为轻犯罪，比如随地吐痰、随地大小便、乱丢垃圾、污染或毁损他人房屋、破坏公用设施等，并且设定了罚款、拘留或二者同处的处罚，统一由警察局负责执行，违反轻犯罪法者会被"书面起诉"，留下案底。①

城市治理体系是一个包含城市经济、政治、文化、社会以及生态文明的综合性治理体系。因此，青岛市北区的城市治理体系是一个制度系统，包括政治、经济、社会、文化、生态等各个领域，必须从总体上考虑和规划各个领域的改革方案，从宏观层面加强对治理体制改革的领导和指导。为了更好地推进青岛市北区城市治理的现代化，必须要强化城市治理的制度保障，也就是做好城市治理的顶层设计工作。这就需要青岛市北区从制度顶层设计上做好城市治理在政治、经济、文化、社会、生态文明建设的制度顶层设计，围绕青岛市北区的城市战略定位，从大处着眼，从小处着手，搞好青岛市北区的城市治理。

2013年11月15日发布的《中共中央关于全面深化改革若干重大问题的决定》指出改革要把加强顶层设计和摸着石头过河相结合，这告诉我们：改革既要注重基层的实践探索，又要重视全局性的顶层设计。如果说以前我们在探索加强城市治理现代化时更多的是"摸着石头过河"，那么现在随着经济社会发展形势的日益复杂，仅仅靠"摸石头"已经过不了河了，因为我们已经由"浅水区"进入了"深水区"，此时，我们必须要"造桥"过河，也就是加强城市治理现代化的制度顶层设计。在加强城市治理现代化的制度顶层设计过程中要处理好"破"与"立"的关系。所谓"破"就是将原先阻碍城市治理现代化的制度障碍解构掉，在解构制度的过程中需要注意的是：要遵循"循序渐进"原则。因为，解构制度容易建构制度难。不要急于解构制度，一下子把制度都解构掉，而是要遵循"循序渐进"原则，不要让制度体系出现"真空"地带。

所谓"立"就是要建构起新的促进城市治理现代化的制度体系。在"立"

---

① 陈文，孔德勇. 我国城市治理改革趋向 [J]. 开放导报，2015（3）: 7-12.

城市治理制度的过程中要遵循三个原则：

一是要遵循"精确制导"原则。推进城市治理现代化的制度并不在多，而在于精。很多时候我们会发现：我们并不缺乏城市治理现代化的制度，而是现有的城市治理制度并没有发挥出其应有的作用，制度成了一种"摆设"，并不能很好的解决问题。城市治理制度的设计是一项要求非常高的工作，要让制度设计更加精准化，这就犹如对导弹的要求一样，要求精确制导，否则制度的效用就会大打折扣。因此，必须要突出城市治理制度设计的精准性，明确城市治理制度体系中的每一个制度是为了解决什么问题，取消那些没有效用或者低效的制度。

二是要遵循"制度协同"原则。每一项制度都有效并不意味着这些制度形成的城市治理制度体系整体是有效的，这里面还存在一个制度组合的问题。这就犹如对于一个团队来说，非常强调团队合作，因为团队合作非常好就能形成一加一大于二的效应，如果团队合作出现问题，一加一就小于二，甚至等于零，更有甚者其效用会是一个负数。对于城市治理现代化的制度顶层设计来说也是一样，不同的组合状态会有不同的结果，制度内部的优化组合对于城市治理现代化的制度体系能否形成合力是非常重要的。因此，在城市治理现代化的制度顶层设计过程中，要非常注重制度之间的协同性。

三是要遵循"弹性制度"原则。制度顶层设计过程中还需要处理好刚性制度和弹性制度之间的关系。对于城市治理工作来说，其制度顶层设计基本上是由两大类制度构成的。一类是刚性城市治理制度。这些制度具有很强的统一化、标准化特征，制度的同质性很强，是不因时间、地点、服务对象的变化而变化的。另一类是弹性城市治理制度。这些制度具有很强的多元化、多样性特征，制度的异质性很强，是因时间、地点、服务对象的变化而变化的。刚性城市治理制度是弹性城市治理制度的基础所在，在制度的顶层设计过程中，首先需要确定一些刚性的城市治理制度，在此基础上再来确定一些弹性的城市治理制度。刚性城市治理制度与弹性城市治理制度之间的关系犹如统一性与多样性之间的关系一样，多样性是建立在统一性基础上的，这体现的是一种"求同存异"的思想内涵。对于城市治理制度来说，不仅需要确立一些统一化、标准化的制度内容，还需要确立一些多元化、多样性的制度内容，使得城市治理的制度体系能够更好地根据时间、地点、服务对象的变化而变化，从而能够更好地推进城市治理的现代化建设。

第三节 构建科学合理的城市治理现代化机制

机制与制度既有不同的一面：制度是外生的规范，表现为外在的强制约束力，其作用方式是由外而内的，而机制则是内生的机能，其作用方式是由内而外的，依靠的是自动运作。机制与制度之间又有着密切的关系：制定制度是形成机制的前提条件，在由外而内的制度约束下，长久以往就形成了由内而外的自觉的运作机制，机制是制度内化的表现形式。但是我们必须要认识到的是：制度对机制而言是必要条件，而不是充分条件。也就是说，没有制度很难形成机制，但是有了制度也并不一定能够形成机制。由此我们可以发现：从一定程度上来说，机制是比制度更为重要的内容，其要求也更高。机制包含了利益机制、激励机制、竞争机制、经营机制、发展机制、监督机制等多方面内容。

根据不同的标准，机制可以有不同的分类方式。根据作用主体的不同，可以将机制分为政府机制、市场机制、社会机制等等；根据目的的不同，可以将机制分为激励机制、竞争机制、监督机制等等。这些机制只有形成一个完整的运作体系，才能更好地发挥作用。比如说，政府机制是实现城市治理现代化的重要机制，但只靠政府机制难以保证城市治理现代化的顺利推进，因为存在着政府失灵的情况，因此，政府机制需要与市场机制和社会机制结合在一起才能更好地发挥作用。同样，对于市场机制和社会机制来说也是一样的。因此，政府机制、市场机制和社会机制三者是缺一不可的。同时，我们还需要注意到的一点是：政府机制、市场机制和社会机制各自又是由很多不同的机制所构成的，如，市场机制是一个有机的整体，它的构成要素主要有市场价格机制、供求机制、竞争机制和风险机制等构成。因此，我们同样需要为政府机制、市场机制和社会机制各自构建一个完整的机制体系，这样才能更好地发挥整个机制体系的合力。机制是否良性、健康、合理在很大程度上决定了城市治理现代化的成败。

城市治理现代化建设是一项涉及面广、综合性强的系统工程，要想取得满意效果，决不能一蹴而就，而要持之以恒，常抓不懈，建立长效机制。形成科学合理的城市治理现代化建设长效机制，主要包括以下几个方面。

一是要明确政府、社会和市场的权责分工机制。城市治理是一项具有典型的外部效应和公共物品属性的工作，往往会面临着政府失灵、市场失灵、社会失灵等困境。因此，推进城市治理现代化是政府、社会和市场的共同责任，离开任何一方都会大大削弱城市治理现代化的成效。政府、社会和市场要遵循合理分工、协调运转的机制，共同推进城市治理现代化。

二是要完善多元化的资金筹措机制。资金支持是城市治理运转的物质保障。城市治理现代化对资金的需求量是非常大的，因此，如果仅仅依靠单方面的投入，是很难满足城市治理现代化对资金的需求的。因此，不仅要加大国家对城市治理现代化的资金投入力度，同时还要充分发挥社会力量和市场力量的作用，充分利用社会资金和市场资金，为城市治理现代化提供更为充足的资金支持。

三是要建立有效的城市治理沟通合作机制。对于城市治理工作来说，"上情下达"和"下情上达"都非常重要。"上情下达"涉及的是如何让公众更好的认知城市治理工作的重要性，让公众更好的理解和支持城市治理工作，并积极参与到城市治理工作当中去。"下情上达"涉及的是公众如何将对城市治理的认知和意见更好的反馈给政府，使政府在推进城市治理现代化过程中能够更好的反映公众的诉求，使城市治理现代化能够更好地解决公众的民生诉求。"上情下达"和"下情上达"的目标都是形成城市治理上下一盘棋的工作状态。因此，城市治理现代化必须在"上情下达"和"下情上达"上做好创新的文章。"上情下达"工作方法创新的着眼点在于如何创新宣传城市治理工作的方式方法，而"下情上达"工作方法创新的着眼点则是在于如何创新公众参与城市治理的载体和途径。

四是要建立健全一套科学的城市治理现代化建设考评机制。科学、系统、综合解决"为什么评估、评估什么、谁来评估、如何评估和结果如何运用"五个基本问题。要建立城市治理现代化建设的考核制度，实行分类考核、动态管理。特别是要本着简便易行、务实管用的原则，制定评价体系和考核办法，按照政府部门自评、服务对象测评、上级管理部门考评的步骤进行考核，加大服务对象对政府部门的评价权重，把考核结果作为城市治理现代化成效评价的重要依据。通过问卷调查、居民评议、部门考核、第三方测评、专家评审和自我评估等方式，让社会多元主体综合评价社会组织发展、社区公共服务、居民满意度、民生项目实施等方面内容，实现社会治理评价体制的创新，促进了从重政府满意到居民满意的转变、从"完成上级行政任务"到解决民生实事的转变。

五是要构建城市治理现代化建设的长效监督机制。在城市治理现代化建设中，长效的监督机制是不可或缺的。特别是对于城市治理资金和政策的运用要建立严格的长效监督机制，以防止城市治理资金被挪用、政策被滥用类似现象的发生。因此，必须要建立涵盖政府监管、社会监管、市场监管在内的多元化监管体系，从而使得城市治理现代化建设的效果能够实现最优化。

第四节　不断创新城市治理现代化的工作方法

工作方法是指人们在实践的过程中为达到一定目的和效果所采取的办法和手段。从经济学的角度来说，良好的工作方法可以实现减少投入增加产出的效果，其结果是事半功倍，而如果工作方法有问题则会导致投入增加产出减少，其结果是事倍功半。从本质上来说，工作方法属于战术层面，对工作能否顺利推进的影响更为直接。同时，工作方法涉及的是执行力的问题，也就是如何提升执行力的方法问题。如果一项制度或者政策没有一个好的工作方法，就很难达到"落地"的效果。更有甚者，有的制度、战略制定的非常完美，可谓是

"天衣无缝"，但是到了执行层面的时候，却发现根本不可能执行的，也就是没有合适的、恰当的工作方法能够将该项制度和战略真正执行下去。由此可以发现：再完美的制度如果没法执行也是没有用的。可以说，几乎没有别的什么东西能够像工作方法这样直接而广泛地影响一项工作的绩效，并决定管理者的工作结果和成败。推动城市治理现代化必须要不断创新工作方法，这主要包括以下三个方面。

一是城市治理现代化要处理好政府、市场、社会三者之间的关系。对于城市治理现代化来说，政府、市场、社会这三类主体发挥着不同的功能，如果将城市治理比喻成一间房屋，那么社会就是房屋的"地基"，是城市治理现代化的根基所在，民心向背决定了城市治理现代化的最终成效；政府就是房屋的"柱子"，在城市治理现代化中发挥主导作用，决定了城市治理现代化的推进方向和推进方式；市场就是房屋的"屋顶"，在城市治理现代化中发挥重要作用，通过市场来为城市治理现代化"添砖加瓦"。可以说，政府、市场、社会这三个参与主体是功能互补的，三者缺一不可。因此，必须要本着合作共赢的原则，处理好政府、市场、社会三者之间的关系，形成政府、市场、社会"三位一体"的参与主体模式，从而能够更为有效的共同推进城市治理现代化。

二是城市治理现代化要发挥先进典型的示范带动作用。榜样的力量是无穷的，为了更好地推动城市治理现代化建设，必须要树先进典型，让典型发挥示范作用。在城市治理现代化中树立好典型就犹如扣好衣服的第一颗扣子，如果第一颗扣错了，其余的都会扣错。扣错扣子的衣服穿在身上肯定是不合身的，所以必须要把第一颗扣子扣好。树立城市治理现代化的典型就是让各地看见身边的领跑者，通过先进典型的示范带动，让各地近距离认识先进典型，从而能够更为有效地推动城市治理现代化建设。

三是城市治理现代化要有效利用"互联网+"技术手段。习近平总书记指出，"现在人类已经进入互联网时代，这是一个世界潮流，对人类生活、生产、生产力发展都具有很大的推进作用"。继"互联网+"被写入2015年两会的政府工作报告之后，2015年7月4日，国务院印发了《关于积极推进"互联网+"行动的指导意见》。通俗来说，"互联网+"就是"互联网+各个传统行业"，但这并不是两者的简单相加，而是通过有效利用信息通信技术以及互联网平台，让互联网与传统行业实现深度融合，也就是充分发挥互联网在社会资源配置中的优化和集成作用，将互联网的创新成果深度融合于经济、社会各领域之中，从而能够有效提升全社会的创新力和生产力。"互联网+"思维不仅启发改变着中国的制造业、商业，更重要的是从根本上改变着整个社会的生产方式和生活方式，它对整个社会的改变，不是一种加法效应，而是一种乘数效应。当前，城市治理现代化内涵不断拓展，人民群众的需求日益表现出个性化、多元化、便捷化的特征，这就必然要求城市治理工作借助于互联网来全面提升城市治理现代化的水平。"互联网+"思维对城市治理的作用，不仅表现在可以通过加强城市治理信息化建设来提高城市治理的科学化水平和效率，还表现在可以通过借助于互联网实现城市治理在决策环节、执行环节、监督环节上的更加科学有效，更为重要的是"互联网+"思维表现出来的以人民为中心，以及开放、整合、平等参与的思维对城市治理现代化具有非常重要的启示意义，能够促进城市治理各项工作的革新。在"互联网+"思维影响越来越大的时代背景下，对于城市治理现代化来说，只有快速的接受、适应并积极投入到这场变革当中去，才能化被动为主动，真正实现从传统城市治理向现代城市治理的转变。

第五节　全面提升城市治理现代化能力和水平

城市治理现代化的能力和水平反映出来的是城市政府统筹各个领域的治理主体，使之相互协调、共同作用的水平与质量。应通过以下几个方面来不断提升城市治理现代化的能力和水平。

首先，增强城市治理供给与需求的匹配性。为了更好推进城市治理现代化建设，必须要切实增强城市治理现代化供给与需求的匹配性。在城市治理现代化建设上存在一个供需均衡问题。从理想类型来说，城市治理现代化的供给与需求之间要达到一种均衡状态。当然，完全的均衡状态是很难实现的，城市治理现代化的目标是为了实现供给与需求之间的状态从非均衡向均衡转变，或者说，实现一种次均衡状态。从发展的角度来说，均衡状态也是相对而言的，均衡与非均衡之间也是随着时间的变化而变化的，现在的均衡并不意味着将来的均衡。因此，城市治理的发展过程是一个从非均衡走向均衡再走向非均衡的循环往复过程，也正是在这一过程中城市治理现代化才得以不断提升和发展。人民群众对城市治理的需求既存在同质性的一面。针对同质性的城市治理需求，必须不断增强城市治理的统一化、标准化、规范化，以更好满足人民群众的同质性需求。同时，人民群众对城市治理的需求也存在异质性的一面。这种异质性表现在人民群众对城市治理的需求是因时而异、因地而异、因人而异的。针对异质性的城市治理需求，必须不断增强城市治理的多元化、差异化，以更好满足人民群众的异质性需求。

其次，加强城市治理现代化的队伍建设。人才队伍是城市治理运转的基础，城市治理必须要有一定的科学合理的人才队伍才能有效运转。俗话说，"巧妇难为无米之炊"，对于城市治理来说，不仅要解决"米"的问题，也就是城市治理的物资、设施、资金等"硬件"保障问题。同时，更为重要的是城市治理还要找到"巧妇"，也就是城市治理的理念、团队等"软件"保障问题。而对于城市治理的"软件"保障来说，其队伍建设和文化建设至关重要。一方面，我们说人的因素是最重要的，因此，在城市治理参与主体的自身建设中，要高度重视队伍建设问题。城市治理参与主体的队伍建设可以从四个方面来谈，一是加强城市治理的人才引进力度。要通过各种途径加大城市治理现代化的人才引进力度，完善队伍的知识结构、专业结构和年龄结构，使城市治理现代化能够有一支强大的人才队伍。二是加强城市治理已有人员队伍建设。也就是要通过加大教育培训力度、建立定期的学习制度等各种途径来提高城市治理已有人员的素质。切实提高城市治理队伍的政治素质和业务素质。三是强化城市治理队伍的团队建设。要通过强化城市治理参与主体内部决策层、管理层、执行层的有效沟通与合作，切实有效发挥城市治理参与主体的团队效应，从而有效推进城市治理现代化。四是除了专职人才队伍之外要强化兼职人才队伍建设。要建立柔性的人才管理制度，对城市治理人才实行柔性管理，加强城市治理人才的双向流动和交流。

最后，强化城市治理现代化的文化建设。当前，强化城市治理现代化的文化建设变得日益重要。这里的文化建设包括两个方面：一个是城市治理内部文化建设，具体表现为城市治理参与主体内部的文化环境。要通过强化内部文化建设，使城市治理参与主体形成一种理念先进、分工合作、各取所长、关系融洽、积极向上的工作氛围。另一个是城市治理外部文化建设，具体表现为城市治理参与主体外部的文化环境。例如，借助大众化现代传媒，大力宣传城市治理现代化建设中涌现出的先进典型，推动城市治理志愿者队伍建设，激发企事业单位、社区组织、社会团体和志愿者队伍等社会力量的服务热情，推动形成全社会关心支持城市治理现代化建设、参与推进城市治理现代化的浓厚氛围。要通过加大宣传和推广力度，让更多的人了解现代城市治理、理解现代城市治理、走进现代城市治理、支持现代城市治理，形成有利于城市治理现代化的良好外部环境。通过强化城市治理现代化的文化建设，实现城市治理发展的道理自信、理论自信、制度自信、文化自信，从而能够真正有效推进城市治理现代化。

城市治理现代化模式研究调查问卷

——以青岛市市北区为例

尊敬的先生/女士：

您好！非常感谢您百忙之中拨冗填写该问卷。

本问卷采用不记名填写，不涉及商业机密，并严格按照《统计法》的有关规定进行保密，调查内容仅限于学术研究。您的参与对于我们的研究具有重要的参考价值，并请您按照真实想法，在相应序号下的复选框选择或在填写对应的内容。为保证本次问卷调查的质量和效果，我们真诚希望您真实填写。感谢您的支持与帮助。

我们对于冒昧邀请您参加本次问卷调查所带来的不便深表歉意，并郑重承诺：你所提供的信息仅用于学术上的分析，并不透漏任何个人信息。

此致

敬礼

青岛理工大学管理学院

山东省智慧城市建设管理研究中心

北京世纪非凡城市环境科学技术研究院

北京大学（青岛）城市治理研究院

2017年5月

问卷说明

（1）城市治理是多元主体共治行为，是指政府、市民、企业、社会组织、社区组织等一起来参与城市管理。我国城市治理重点是服务、共享、融合。

（2）本问卷一共包括五部分内容：第一部分为问卷填写人的基本信息，主要用于基本的资料的统计分析；第二至第五部分分别为青岛市市北区城市治理的需求、参与意愿、参与行为与满意度调查的指标题项，需要您根据实际情况真实作答，如果您认为还有其他方面的补充题项，请在每一部分的表格空白处进行填写，并根据需要进行打分。

（3）量表说明。除了问卷中所需要填写的内容外，本调查问卷统一采用5点李克特量表的方式进行。

第一部分：基本信息

A1. 您所在单位的性质：

□政府机关　　□事业单位及科研院所　　　□国有企业

□民营企业　　□个体工商业　　　　　　　□其他

A2. 所在单位是否在本辖区：

□是　　　　　□否

A3. 您是否在本辖区居住：

□是　　　　　□否

A4. 您在本辖区居住小区的建设年代：

□1950年以前　　　　　□1951~1980年

□1981~2000年　　　　□2001~2005年　　　　□2005年后

A5. 您的户籍所在地是否为本辖区：

□是　　　　　□否

A6. 您的性别：

□男　　　　　□女

A7.　您的年龄：

　　□20岁以下　　□21~30岁　　□31~40岁　　□41~50岁

　　□51~60岁　　□61岁以上

A8.　您的婚姻状况：

　　□未婚　　　　□已婚　　　　□离婚　　　　□丧偶

A9.　您的家庭年总收入水平：

　　□5万元以下　□5~10万　　□10~15万　　□15~20万　　□20万以上

A10.　您所从事的职业是：

　　□政府机关事业单位负责人　□政府机关事业单位其他工作人员

　　□企业管理者或所有者　　　□企业其他从业人员

　　□个体工商业所有者　　　　□个体工商业从业人员

　　□自由职业者　　　　　　　□离退休人员

　　□军人　　　　　　　　　　□其他

A11.　您的学历：

　　□高中及以下　　　　　□大专　　　　□本科　　　　□研究生

A12.　您的职称/技术等级：

　　□无职称　　　□初级职称　　□中级职称　　□高级职称

A13.　您对市北区城市治理的了解程度：

　　□非常了解　　□比较了解　　□一般了解　　□不太了解　　□很不了解

第二部分：市北区城市治理需求调查

请对市北区城市治理需求的测量题项进行判断，逐条选择您认为最合适的答案。

B1.　"城市，让生活更美好"的民生需求，需要城市治理现代化：

　　□非常迫切　　□比较迫切　　□不确定　　　□不太迫切　　□很不迫切

B2.　青岛市主城中心区构建"五大中心"的发展愿景，需要城市治理现代化：

　　□非常迫切　　□比较迫切　　□不确定　　　□不太迫切　　□很不迫切

B3. 经济实力和产业活力的提升，需要城市治理现代化：

　　□非常迫切　　□比较迫切　　□不确定　　　□不太迫切　　□很不迫切

B4. 城区魅力与社会合力的提升，需要城市治理现代化：

　　□非常迫切　　□比较迫切　　□不确定　　　□不太迫切　　□很不迫切

B5. 市北区人口密度高、社区秩序管理难度大，需要城市治理：

　　□非常迫切　　□比较迫切　　□不确定　　　□不太迫切　　□很不迫切

B6. 辖区内老工业企业多、困难群体多，需要城市治理：

　　□非常迫切　　□比较迫切　　□不确定　　　□不太迫切　　□很不迫切

B7. 辖区内基础设施较为陈旧、承载能力不足，需要城市治理：

　　□非常迫切　　□比较迫切　　□不确定　　　□不太迫切　　□很不迫切

B8. 辖区内公共服务供给能力不足，需要进行城市治理：

　　□非常迫切　　□比较迫切　　□不确定　　　□不太迫切　　□很不迫切

B9. 招才引智、打造智库集群，发展智库经济，推动产业结构升级，需要进行
　　城市治理：

　　□非常迫切　　□比较迫切　　□不确定　　　□不太迫切　　□很不迫切

B10. 从提升政府的社会公共服务能力看，需要政府发挥重要作用：

　　□非常迫切　　□比较迫切　　□不确定　　　□不太迫切　　□很不迫切

B11. 从辖区内企业及个体工商业的发展角度看，需要进行城市治理：

　　□非常迫切　　□比较迫切　　□不确定　　　□不太迫切　　□很不迫切

B12. 从个人的成长与发展对社会环境的需求看，需要进行城市治理：

　　□非常迫切　　□比较迫切　　□不确定　　　□不太迫切　　□很不迫切

B13. 如果您认为还有其他方面的补充题项，请在下面表格空白处进行填写，
　　并根据需要的迫切性打分。

第三部分：市北区城市治理参与意愿调查

请对市北区城市治理参与意愿的测量题项进行判断，逐条选择您认为最合适的答案（每题选项从左到右依次对应的分值为5、4、3、2、1）。

C1. 您认为辖区内各级党政组织是否应该在城市治理中发挥主导作用：
　□非常应该　　□比较应该　　□无法判断　　□不太应该　　□很不应该

C2. 您认为辖区内各级党政组织是否应该倡导与鼓励社会各方力量参与城市治理：
　□非常应该　　□比较应该　　□无法判断　　□不太应该　　□很不应该

C3. 您认为目前辖区内各级党政组织在城市治理中作用的发挥程度如何：
　□非常好　　□比较好　　□一般　　□不太好　　□很不好

C4. 您认为辖区各企事业单位及其他社会组织是否应该参与城市治理：
　□非常应该　　□比较应该　　□无法判断　　□不太应该　　□很不应该

C5. 您认为辖区各企事业单位及其他社会组织是否应该支持其员工参与城市治理：
　□非常应该　　□比较应该　　□无法判断　　□不太应该　　□很不应该

C6. 您认为辖区各企事业单位及其他社会组织是否应该鼓励员工的亲友参与城市治理：
　□非常应该　　□比较应该　　□无法判断　　□不太应该　　□很不应该

C7. 您所了解的亲友、同事、邻居等是否愿意参与该辖区的城市治理：
　□大部分愿意　　　　□部分愿意　　　　□无法判断
　□少数人愿意　　　　□没有人愿意

C8. 本人是否愿意参与该辖区的城市治理：
　□非常愿意　　□比较愿意　　□无法判断　　□不太愿意　　□很不愿意

C9. 本人是否愿意支持您的亲友、同事、邻居等参与该辖区的城市治理：
　□非常愿意　　□比较愿意　　□无法判断　　□不太愿意　　□很不愿意

C10. 您认为有哪些因素会影响您参与所在辖区的城市治理（可以多选）：
　□个人时间精力　　　　□家庭成员的支持　　　　□社会生态

　　□居住辖区全民参与的氛围　　　□辖区内社会综合治理水平
　　□参与的便捷性　　　　　　　　□参与后对本人的积极影响
　　□参与后的对本人负面影响　　　□其他因素，请您补充

C11. 如果您认为还有其他方面的补充题项，请在下面表格空白处进行填写，
　　　并根据需要进行打分。

```



```

第四部分：市北区城市治理参与行动调查

请对市北区城市治理参与行动的测量题项进行判断，逐条选择您认为最合适的
答案（每题选项从左到右依次对应的分值为5、4、3、2、1）。

D1. 辖区各级党政组织倡导建设的城市治理组织体系完善程度：
　　　□非常完善　　□比较完善　　□一般　　　□不太完善　　□很不完善

D2. 辖区各级党政组织在城市治理方面的相关政策的完善程度：
　　　□非常完善　　□比较完善　　□一般　　　□不太完善　　□很不完善

D3. 辖区在城市治理信息化网络及平台建设方面的完善程度：
　　　□非常完善　　□比较完善　　□一般　　　□不太完善　　□很不完善

D4. 您认为城市治理组织体系中参与各方中政府发挥的作用如何：
　　　□非常好　　　□比较好　　　□一般　　　□不太好　　　□很不好

D5. 您认为城市治理组织体系中参与各方中企事业单位及其他社会组织发挥的
　　　作用如何：
　　　□非常好　　　□比较好　　　□一般　　　□不太好　　　□很不好

D6. 您认为城市治理组织体系中参与各方中个人发挥的作用如何：

　　□非常好　　　　□比较好　　　　□一般　　　　□不太好　　　□很不好

D7. 您认为城市治理的相关政策对各级党政组织的激励作用如何：

　　□非常好　　　　□比较好　　　　□无法判断　　　□不太好　　　□很不好

D8. 您认为城市治理的相关政策对企事业单位及其他社会组织的激励作用如何：

　　□非常好　　　　□比较好　　　　□无法判断　　　□不太好　　　□很不好

D9. 您认为城市治理的相关政策对个人的激励作用如何：

　　□非常好　　　　□比较好　　　　□无法判断　　　□不太好　　　□很不好

D10. 您对目前城市治理网络信息平台的了解情况如何：

　　□非常了解　　　　　　　□比较了解　　　　　　　□一般

　　□不太了解　　　　　　　□从未听说过

D11. 您对目前城市治理网络信息平台的使用情况如何：

　　□经常使用　　□比较常用　　□一般应用　　□偶尔使用　　□从未使用

D12. 您认为目前城市治理网络信息平台应用的便捷程度如何：

　　□非常方便　　□比较方便　　□一般　　　　□不太方便　　□很不方便

D13. 您认为城市治理参与主体间的协同行动效果如何：

　　□非常好　　　□比较好　　　□无法判断　　　□不太好　　　□很不好

D14. 根据您的了解，目前市北区城市治理工作的主要参与方是（可多选）：

　　□区级党政组织及相关部门　□街道办事处

　　□社区党组织　　　　　　　□居民委员会

　　□小区业主委员会　　　　　□物业管理公司

　　□辖区的企事业单位及其他社会组织

　　□社区中介服务组织　　　　□社区居民

　　□其他，请补充

D15. 您认为以下城市治理参与主体应该发挥作用的是（可多选）：

　　□区级党政组织及相关部门　　　　　　□街道办事处

　　□社区党组织　　　　　　　　　　　　□居民委员会

　□小区业主委员会　　　　　　　□物业管理公司
　□辖区的企事业单位及其他社会组织　□社区中介服务组织
　□社区居民　　　　　　　　　　□其他，请补充

D16. 如果您认为还有其他方面的补充题项，请在下面表格空白处进行填写，
　　　并根据需要进行打分。

（空白表格）

第五部分：市北区城市治理满意度调查

请对市北区城市治理满意度的测量题项进行判断，逐条选择您认为最合适的答案（每题选项从左到右依次对应的分值为5、4、3、2、1）。

E1. 您对市北区城市治理的总体满意度评价：
　　□非常满意　　□比较满意　　　□一般　　　□不太满意　　□很不满意

E2. 您对市北区在建立和完善权益保护方面（如：参加政府部门举办的听证
　　会、社会公共事项的公示制度等）的效果满意度：
　　□非常满意　　□比较满意　　　□一般　　　□不太满意　　□很不满意

E3. 您对市北区在公共服务方面（如：义务教育、公共卫生、市政服务、行政
　　服务等）的效果满意度：
　　□非常满意　　□比较满意　　　□一般　　　□不太满意　　□很不满意

E4. 您对市北区在社会保障方面（如：基本医疗保障、养老保险水平、失业保
　　险水平、最低生活保障水平、社会救济救助水平等）的效果满意度：
　　□非常满意　　□比较满意　　　□一般　　　□不太满意　　□很不满意

E5. 您对市北区在公共安全方面（如：社会治安、食品药品安全、职业安全、生产场所安全等）的效果满意度：

　　□非常满意　　□比较满意　　□一般　　　□不太满意　　□很不满意

E6. 您对市北区在社会稳定方面的效果满意度：

　　□非常满意　　□比较满意　　□一般　　　□不太满意　　□很不满意

E7. 您对市北区在应急管理方面（如：遇到紧急情况求助时有关部门的响应情况）的效果满意度：

　　□非常满意　　□比较满意　　□一般　　　□不太满意　　□很不满意

E8. 您对市北区在基层治理方面（如：公民选举权利、监督权的行使等）的效果满意度：

　　□非常满意　　□比较满意　　□一般　　　□不太满意　　□很不满意

E9. 您对市北区在社会自治方面（如：社区自治、业主自治等）的效果满意度：

　　□非常满意　　□比较满意　　□一般　　　□不太满意　　□很不满意

E10. 您对市北区内企事业单位及其他社会组织所承担社会责任的总体评价：

　　　□非常好　　□比较好　　　□一般　　　□不太好　　　□很不好

E11. 您对所在社区居民承担社会责任和履行社会义务的总体评价：

　　　□非常好　　□比较好　　　□一般　　　□不太好　　　□很不好

E12. 近5年来，你认为所在社区的社会治安情况是否有所改善：

　　　□改善很大　□改善比较大　□一般　　　□改善不太大　□没有改善

E13. 近5年来，你认为所在社区的公共秩序是否有所改善：

　　　□改善很大　□改善比较大　□一般　　　□改善不太大　□没有改善

E14. 近5年来，你认为所在社区的文化建设是否有所提升：

　　　□提升很大　□提升比较大　□一般　　　□提升不太大　□没有提升

E15. 近5年来，你认为所在社区的公共卫生与生活环境是否有所提升：

　　　□提升很大　□提升比较大　□一般　　　□提升不太大　□没有提升

E16. 近5年来，您认为各级政府相关部门的公共服务能力是否有所提升：

　　　□提升很大　□提升比较大　□一般　　　□提升不太大　□没有提升

E17. 目前，您认为城市治理中存在的问题反映渠道是否畅通：
　　　□非常畅通　□比较畅通　　□不清楚　　□不太畅通　　□很不畅通

E18. 您对城市治理中所反映的问题处理结果或反馈意见是否满意：
　　　□非常满意　□比较满意　　□不清楚　　□不太满意　　□很不满意

E19. 近5年来，您对所在社区领导的工作是否满意：
　　　□非常满意　□比较满意　　□不清楚　　□不太满意　　□很不满意

E20. 近5年来，您对所在社区的网格员的工作是否满意：
　　　□非常满意　□比较满意　　□不清楚　　□不太满意　　□很不满意

E21. 近5年来，您对所在社区的楼长的工作是否满意：
　　　□非常满意　□比较满意　　□不清楚　　□不太满意　　□很不满意

E22. 近5年来，您认为所在社区居民的社会公德意识是否有所提高：
　　　□提高很大　□提高比较大　□一般　　　□提高不太大　□没有提高

E23. 人们的幸福感通常来自于拥有一份好工作、好收入、好环境、好心情、好身体。您是否觉得幸福：
　　　□非常幸福　□比较幸福　　□一般　　　□不幸福　　　□说不清楚

E24. 人们的公平感通常来自于收入分配较为公平、能够通过自己的努力改善自己的地位待遇、不受他人歧视和排斥、享有同等的权利并受到政府和司法机关的公平对待。您是否觉得公平：
　　　□非常公平　□比较公平　　□一般　　　□不太公平　　□很不公平

E25. 媒体监督的有效性主要表现为人们通过新闻媒体包括互联网等新媒体反映的问题、提出的意见和建议得到政府的重视和响应，反映的问题得到解决提出的意见和建议得到政府的答复和采纳。您觉得您所生活的城市媒体的监督是否有效：
　　　□非常有效　□比较有效　　□一般　　　□不太有效　　□无效

E26. 人们对参与社会管理的满意度主要来自大家有渠道、有机会向党和政府反映自己的利益诉求，有途径维护自己的合法权益，同时反映的诉求、维权的合理要求得到了很好地满足。您对本地社会参与的现状是否满意：
　　　□非常满意　□比较满意　　□不清楚　　□不太满意　　□很不满意

E27. 辖区内各级党政组织在处理群众关心的各类热点难点问题、期待的解决
　　　的急事、要事方面，您是否满意：
　　　□非常满意　□比较满意　　□不清楚　　□不太满意　　□很不满意
E28. 如果您认为还有其他方面的补充题项，请在下面表格空白处进行填写，
　　　并根据需要进行打分。

　　　如您对我们的研究结论感兴趣，我们将会及时将研究结果发送至您的
E-mail:
　　　谢谢您的参与，衷心祝愿您工作顺利，万事如意。

参考文献 REFERENCES

［1］曹海军，霍伟桦. 城市治理理论的范式转换及其对中国的启示［J］. 中国行政管理，2013（7）.

［2］陈剩勇，徐珣. 参与式治理：社会管理创新的一种可行性路径——基于杭州社区管理与服务创新经验的研究［J］. 浙江社会科学，2013（2）：62-72.

［3］陈振明. 公共管理学［M］. 中国人民大学出版社，2003：87.

［4］陈荣卓，肖丹丹. 从网格化管理到网络化治理——城市社区网格化管理的实践、发展与走向［J］. 社会主义研究，2015（4）：83-89.

［5］陈文，孔德勇. 我国城市治理改革趋向［J］. 开放导报，2015（3）.

［6］陈雪莲. 管控型特大城市治理模式分析——以北京市"城市精简"治理为例［J］. 中共天津市委党校学报，2016（3）.

［7］堵锡忠，武斌. 以"四个全面"战略布局为指针推进城市管理体制改革实践探索——以北京市石景山区为例［J］. 城市管理与科技，2015（5）：24-26.

［8］顾金喜. 城市社会复合治理体系建设研究——以杭州市上城区为例［J］. 浙江社会科学，2015（3）.

［9］过勇，程文浩. 城市治理水平评价：基于五个城市的实证研究［J］. 城市发展研究，2010（12）.

［10］韩震. 现代城市治理应有的价值取向［J］. 中国高校社会科学，2015（2）.

［11］何显明. 复合联动：城市治理创新的逻辑与现实路径——基于杭州上城区实践的个案分析［J］. 中共浙江省委党校学报，2015（4）.

［12］何增科. 城市治理评估的初步思考［J］. 华中科技大学

学报（社会科学版），2015（4）.

［13］何增科：《城市治理评估的初步思考》，《华中科技大学学报》（社会科学版）2015年第4期。

［14］胡刚，苏红叶. 广州城市治理转型的实践与创新——基于"同德围模式"的思考［J］. 城市问题，2014（3）.

［15］胡桂林. 难度成就高度——2015 电视问政"期中考"回眸，2015年9月15日，http://www.whtv.com.cn/hsh/201509/t20150915_615276.shtml.

［16］黄徐强. 美国城市治理结构的模式演进及其对中国的启示［J］. 广东行政学院学报，2015（6）.

［17］黄鹰，安然. 城市治理主体的职责定位［J］. 开放导报，2015（3）.

［18］蒋晓伟，饶龙飞. 城市治理法治化：原则与路径［J］. 甘肃社会科学，2014（4）.

［19］匡亚林. 城市治理的有效性探微：有限分权、有序参与、利益整合与风险化解［J］. 云南行政学院学报，2015（6）.

［20］李保林，刘强，高云. 协商民主经验对城市治理创新的启示［J］. 学习论坛，2014（8）.

［21］李平. 新加坡城市社区管理模式及其启示［J］. 管理观察，2015（10）.

［22］李文硕. 20世纪中期美国的政府雇员工会与城市治理——以纽约环境卫生危机为个案［J］. 上海师范大学学报（哲学教育社会科学），2016（2）.

［23］李宪奇. 中国城市治理评估模型的建构与应用［J］. 江淮论坛，2015（6）.

［24］林崇建，毛丰付. 财政投入与城市治理绩效分析——以江浙城市群比较为例［J］. 财贸经济，2012（12）.

［25］马海韵，华笑. 当前我国公民有序参与城市治理的困境及消解［J］. 江西财经大学学报，2016（2）.

［26］孟超. 从"基层组织主导"到"社会组织参与"——中国城市社区建设模

式的一种可能转变［J］. 学习与探索，2014（12）：31-36.

［27］闵学勤. 基于协商的城市治理逻辑和路径研究［J］. 杭州师范大学学报
（社会科学版），2015（5）.

［28］莫于川，雷振. 从城市管理走向城市治理——《南京市城市治理条例》的
理念与制度创新［J］. 行政法学研究，2013（3）.

［29］乔恩. 皮埃尔著，陈文，史滢滢译. 城市政体理论、城市治理理论和比较
城市政治［J］. 国外理论动态，2015（12）.

［30］曲凌雁."合作伙伴组织"政策的发展与创新——英国城市治理经验［J］.
国际城市规划，2013（6）.

［31］苏晓智. 从示范城市运动看美国社区社会特征下的城市治理——以西雅
图、亚特兰大和代顿为例［J］. 开发研究，2013（3）.

［32］孙彩红. 国外公民参与城市治理的案例与借鉴价值［J］. 中共天津市委
党校学报，2016（1）.

［33］孙涛. 社会治理研究的五个视角——兼论其存在问题与发展趋势［J］.
北京行政学院学报，2015（1）.

［34］田祚雄，杨瑜娴. 主体再造：推进城市治理体系现代化的关键［J］. 学
习与实践，2015（7）.

［35］万玲. 公民有序参与城市治理的机制创新［J］. 特区实践与理论，2016
（3）：24-27.

［36］王枫云. 美国城市网络化治理的特征及启示［J］. 城市观察，2016（6）.

［37］王慧琼. 南山基层公共服务平台启用［N］.《深圳特区报》，2016年4月
29日.

［38］王珺，夏宏武. 五区域中心城市治理能力评价［J］. 开放导报，2015
（3）.

［39］王胜本，李鹤飞. 利益视角下城市治理中的公民参与研究［J］. 山东科
技大学学报（社会科学版），2015，17（1）：76-80.

［40］王卫. 城市治理中的公私伙伴关系：一个街道公共服务外包的实证研究
［J］. 广东社会科学，2010（3）.

［41］王志锋．城市治理多元化及利益均衡机制研究［J］．南开学报（哲学社会科学版），2010（1）．

［42］韦如梅．城市治理中的公民参与：新加坡经验的中国借鉴［J］．湖北社会科学，2014（8）．

［43］谢媛．当代西方国家城市治理研究［J］．上海经济研究，2010（4）．

［44］徐林，卢昱杰．城市治理研究的问题域和方法论——历史流变与研究展望［J］．理论与改革，2016（4）．

［45］徐林．"花园城市"的"管"与"治"［M］．中国社会科学出版社，2016年版．

［46］杨馥源，陈剩勇，张丙宣．城市政府改革与城市治理：发达国家的经验与启示［J］．浙江社会科学，2010（8）．

［47］杨宏山．美国城市治理结构及府际关系发展［J］．中国行政管理，2010（5）．

［48］杨津，赵俊源，胡刚．广州城市治理改革的反思——以公众参与东濠涌治理为例［J］．现代城市研究，2015（3）．

［49］杨君．中国城市治理的模式转型：杭州和深圳的启示［J］．西南大学学报（社会科学版），2011（2）：92-95．

［50］杨培雷．美国城市治理机制的演变与启示［M］．全国美国经济学会第八届会员代表大会论文集，2007．

［51］姚尚建．城市治理：空间、正义与权利［J］．学术界，2012（4）．

［52］俞可平．治理与善治［M］．北京：社会科学文献出版社，2000．

［53］岳金柱．"网格化+"服务：北京的城市治理创新实践［J］．国家治理，2016（25）：38-48．

［54］詹国彬．从管制型政府到服务型政府——中国行政改革的新取向．江西社会科学，2003（6）．

［55］张国烈．深圳法定图则的实施及应对建议［D］．上海：同济大学硕士学位论文，2006：14-15．

［56］张丽娜．合同制治理：城市治理面临的机遇与挑战［J］．行政论坛，

2010（6）.

［57］张莉. 国外城市治理八个启示［J］. 人民论坛，2014（24）.

［58］张亚明，裴琳，刘海鸥. 我国数字城市治理成熟度实证研究［J］. 中国科技论坛，2010（5）.

［59］张兆曙. 城市议题与社会复合主体的联合治理——对杭州3种城市治理实践的组织分析［J］. 管理世界，2010（2）.

［60］赵强. 城市治理动力机制：行动者网络理论视角［J］. 行政论坛，2011（1）.

［61］郑泽金，张国祥. 城市网格化管理拓展研究——以宜昌市网格化管理为例［J］. 湖北行政学院学报，2014（4）：45-48.

［62］周善东. 城市治理的社会路径：价值、内涵与构建［J］. 山东大学学报（哲学社会科学版），2015（6）.

［63］周志伟. 巴西城市化问题及城市治理［J］. 中国金融，2010（4）.

［64］庄立峰，江德兴. 城市治理的空间正义维度探究［J］. 东南大学学报（哲学社会科学版），2015（4）.

作为伴随着改革开放成长起来的70后一代，我有幸从安徽一个较为偏僻的乡村进入首都北京这样一个特大城市求学、工作、生活了20余年，在此成家立业，"城市让生活更美好"使我对都市生活有了自己的理解并与之结下深厚情缘，感受着来自城市的温度与厚度。

很遗憾，虽然有机会却未能把握住机会去祖国大好河山的任何一个城市担任领导，如今以专家的视角解读城市，缺乏城市管理与实践经验支撑，或有所局限和片面，好在社会学者与政协委员的身份使然，我与诸多城市领导有了较为深入地沟通交流，有的还成为志同道合的朋友，这对我研究城市是大有裨益的，甚至极为关键。这些城市的领导者有情怀有担当、有能力有作为，如青岛市市北区的区委书记郑德雁、区长杨旭东。

我爱读书、喜钻研，有很强的求知欲和坚持不懈的研究精神，2015年4月进入北京大学从事博士后研究工作，在北京大学教授钱民辉、北京航空航天大学教授郭林两位合作导师的悉心指导下，于今年1月完成我的博士后研究课题《社区政治视野下的"一核多元"治理模式研究》，探索提出"党委领导、政府负责、公众参与、凝聚合力、多元共治、跨界联盟"的"一核多元、融合共治"的社区治理创新模式，博士后出站答辩评审因此获得优秀等级，同时这一研究成果业已由北京大学出版社正式出版。可以说，对社区治理的深入研究为我的城市治理研究打下了坚实基础，但我深知城市治理作为新学科、应用学科，唯有秉承"方向、逻辑、方法"的治学理念，扎实开展基础研究与对策研究。

今年5月25日和8月2日我在《经济日报》发表了两篇文章：《推动高校建设智库，助力现代城市治理》、《从青岛市市北区实践看城市治理现代化—城市的温度从何而来》，阐明了我的观点，这也是我的最新研究成果。文章提出：城市治理是政府治理、市场治理和社会治理的交叉点，在国家治理体系中有着特殊的重要性。我国城市治理重点是服务、共享、融合。城市治理作为多元主体共治行为，需要政府、市民、企业、社会组织、社区组织等共同参与。应基于城市发展展开研究，以便民惠民为研究宗旨，最终实现文化治理。城市是有温度与厚度的。城市的温度就是人本理念，是对城市文明的一种抽象演绎。一座有温度的城市，会让身处其中的人们不断从内心深处捕捉到这股彼此激发的力量。城市的厚度就是城市的文化涵养。文化是城市的内核和灵魂，是城市发展永不衰竭的动力。推动现代城市治理，必须尊重特定城市悠久的历史和深厚的文化，遵循城市及文化的发展规律，以文化的力量推动城市发展。

《构建"共建共治共享"城市治理共同体——青岛市市北区推进城市治理现代化实践探索》这一研究课题始于去年10月，我和研究团队成员王振海教授、于德湖教授、赵金先教授、陈旭峰博士、徐静博士、孙涛博士、牛月永博士一起展开了迄今为期一年的深入研究，得到了青岛市市北区委、区政府和有关部门的大力支持，我和区委书记郑德雁进行了多达20次的沟通交流，这一课题成果闪烁着他的思想光芒，凝聚着大家的智慧。正是在这一课题研究成果的基础上，我完成了《城市的温度与厚度——青岛市市北区城市治理现代化的实践与创新》书稿。

党的十九大开启新时代伟大征程。习近平总书记在十九大报告中提出，中国特色社会主义进入新时代，社会主要矛盾已经转化为人民日益增长的美好生活需要和不平衡不充分的发展之间的矛盾。十九大报告中明确指出：全面深化改革总目标是完善和发展中国特色社会主义制度、推进国家治理体系和治理能力现代化；打造共建共治共享的社会治理格局。加强社会治理制度建设，完善党委领导、政府负责、社会协同、公众参与、法治保障的社会治理体制，提高社会治理社会化、法治化、智能化、专业化水平。这为国家治理、社会治理体系中有着特殊重要性的城市治理体系和治理能力现代化指明了方向。

真诚感谢齐续春、倪虹、郝平、陈大卫、张江汀、孟凡利、杨军、王广正、

俞可平、王亚军、孙继、纪敏、陈勇、王永健、李士杰诸位领导与同事对本书
出版的关心指导，中国建筑工业出版社的诸位同仁给予本书出版的帮助以及师
友和家人的大力支持，在此一并致谢。由于作者水平有限，不妥之处在所难免，
敬请读者不吝指正。

作者

2017年11月20日于北京大学